民族という虚構

小坂井敏晶——［著］

東京大学出版会

Collective identity and social fiction
An essay on acculturation and open society
Toshiaki KOZAKAI
University of Tokyo Press, 2002
ISBN 978-4-13-010089-2

はじめに

ユーゴスラヴィアやソ連の崩壊、アフリカ諸国の内紛、パレスチナ問題など民族に関わる話題はつきない。しかし民族とはいったい何なのか。

歴史を通して多数の移民を吸収してきたヨーロッパにおいても、また移民によって建国されたアメリカ合衆国やカナダ、オーストラリアなどにおいても、民族問題は依然として重要なテーマをなし、政治・経済・教育などの視角から解決策が模索されている。フランス的普遍主義やドイツの血統主義、またアメリカ合衆国などが標榜する多民族・多文化主義の是非をめぐって盛んに討議が行われ、どのような国民形成原理を採用するべきかが検討されている。

遅ればせながら日本においても、複数文化やクレオールという言葉が少し前から流行し、外に開かれた国民概念が推奨されるように時勢は移ってきた。しかし民族の実在は依然として信じられている。民族が根元的な集団単位として把握されているからこそ、例えばクルド人や朝鮮人などは本来それぞれ一つの共同体にまとまるべき民族としてまずイメージされ、それが政治的事情から複数の国家に人工的に分断されているという理解がなされるのだ。民族は血縁を基にして自然に発生した単位であるという感覚がそこに反映されている。

外部からの移民が建国したアメリカ合衆国・カナダ・オーストラリアなどだけでなく、「単一民族国家」日本やドイツなども、実は多様な起源を持つ集団群が歴史的に融合して国民ができてきたという了解がなされ、原子のような均一な国民イメージは破棄されつつある。すると国民は分子的な存在として表象されるようになり、今度は民族がより根本的な構成単位として現れ、原子のような実体的役割が与えられるようになる。しかし原子が最終の素粒子ではあり得ず、また物質をどれだけ細分化していっても実体的地位を付与する究極単位をみつけることがおそらく不可能なように、民族を実体的な基礎単位として捉える発想自体が問題にされるべきではないだろうか。

複数文化やクレオールなどという表現が肯定的に使用される背景にも、民族の実在が暗黙に想定されている事実を見落としてはならない。あるいはクレオール性という静的な状態としてではなく、クレオール化という動的な運動として民族を捉え直そうという提言もなされている。しかし雑種性あるいは多様性を歴史的事実として確認したり、または未来に向けての目標として主張するだけでは、民族本質視に対する根本的な批判になっていない。

このような発想は、「世界のいたる所で混血がなされているから、純粋人種などもう存在しない」という、人種差別反対のためにしばしば援用される誤った常識とどこか似ている。そもそも混血という概念を立てること自体が純粋人種の存在を論理的に要請してしまうことに気づかねばならない。太古の昔から純粋な人種など存在しなかった。人種とは客観的な根拠を持つ自然集団ではなく、人工的に構成される統計的範疇にすぎない。同様に、民族概念の存在意義そのものが問題視されねばならない。クレオール化・多様化・複数化・雑種化などという表現を用いて、未来に開かれた変化の可能性をいくら強調したところで、クレオール・多様・複数・雑種という表現自体がすでに対立概念として純粋性を論理的に内包していることには変わりない。本書では、そもそも民族は存在するのか、また存在するというなら、それはどのような意味においてなのかという根本的な問いから出発することによって、様々な民族現象を新たに見直す視点を提示したい。

日本では毎年およそ九〇万人が死亡し、一二〇万人ほどの赤ん坊が生まれている。一〇〇年も経てば「日本人」を構成する要素の総入れ替えが完了する。それにもかかわらず民族がその同一性を保っているという感覚を我々が持つのは何故なのか。文化の連続性という考えは何を根拠にしているのか。変化する多くの要素とは別に、同一性を保つ本質的要素や構造などが存在するのだろうか。もしそのような不変の要素や構造が実際には存在していないのだとしたら、同一性という錯覚を生み出す社会的・心理的からくりはどうなっているのだろうか。

民族同一性は虚構に支えられた現象だという主張を本書は一貫して展開してゆく。そのことはしかし、民族が現実の力を行使しないということを意味するのでは決してない。虚構と現実とが相反するという常識がそもそも問題視されねばならない。

また、記憶の作用に関する論議を抜きにして、民族という現象を論じることはできない。ではその記憶とはいったい何なのだろうか。民族をはぐくむ集団的記憶には欠落や作り話がたくさん含まれている。しかしこの忘却や歪曲は否定的角度だけから捉えてはならない。民族同一性を根本的に規定しているのが記憶の働きであることを確認すると同時に、記憶と忘却・歪曲は不可分な関係にあることを説いてゆこう。

そしてさらには、虚構であるにもかかわらず現実を生み出すという消極的な発想からもう一歩踏み込んで、実はまさに虚構のおかげで現実が生成されているというように、虚構と現実とを結びつけている積極的な相補性を明らかにしよう。様々な民族問題を具体例に取りながら、一見矛盾するようにみえる記憶と忘却、虚構と現実、変化と連続という対概念が反意語をなすどころか、それぞれ密接な関係にあることを示したい。

本書は民族を考察の中心に据えながらも、集団現象とは何かという、より一般的な問題に迫ろうとしている。集団を支えている論理構造はどうなっているのか。個人という要素を集めたときに、何故、単なる集合ではなく、内部構造を持った集団ができあがるのか。人と人との絆はどこから生まれてくるのか。さらには、集団責任とは何なのか、過去に国家が行った犯罪の責任を現在生きる人々が償うという時、何が意味されているのか、といった問いに対しても何らかの解答を提出したい。

そして最後に、以上の問題意識から出てくる知見に基づいて、開かれた共同体概念の構築を試みよう。多様な出身民族の固有性を擁護し、少数派が抑圧されない社会を築くためには、カナダやアメリカ合衆国のような多文化・多民族主義を目標にすべきなのか。あるいはフランスに代表される普遍主義の方向に人類の未来は開かれているのか。本書では、多文化・多民族主義と普遍主義とが暗黙に依拠している認識論上の問題を抉りだし、どちらが正しいのかという二者択一的な発想自体が、そもそも民族に関する浅薄な見解に由来していることを示そう。

目次

第1章　民族の虚構性

民族と人種

「民族」という我々になじみの深い言葉の意味を検討することから始めよう。日常会話において言葉がどのような意味で使用されているかを知ろうとする際には、専門辞典よりも一般向けの辞書を引くのがよい。例えば『広辞苑』（第五版）には「民族」が次のように定義してある。

文化の伝統を共有することによって歴史的に形成され、同属意識をもつ人々の集団。文化の中でも特に言語を共有することが重要視され、また宗教や生業形態が民族的な伝統となることも多い。社会生活の基本的な構成単位であるが、一定の地域内に住むとは限らず、複数の民族が共存する社会も多い。また、人種・国民の範囲とも必ずしも一致しない。

身体的形質によってではなく、言語・宗教・生業形態といった文化的要素を基に民族は分類されていることがまず確認できる。ではここで対比的に言及されている「人種」という言葉は一般にどのような意味で使われているのだろうか。また『広辞苑』を参照してみよう。

人間の生物学的な特徴による区分単位。皮膚の色を始め頭髪・身長・頭の形・血液型などの形質を総合して分類される。コーカソイド(類白色人種群)・モンゴロイド(類黄色人種群)・ネグロイド(類黒色人種群)の三大人種群に分類されるが、オーストラロイド(類オーストラリア人種群)・カポイド(コイサン人種群)を加えた五大分類も行われている。

このように人種という概念は先天的な生物学的形質を基準に区分された範疇として通常使用されていることがわかる。それに対して民族は右で見たように、文化という後天的特徴を基に分類された範疇だと理解されている。

しかし民族と人種という両概念の差異は実際にはこの定義ほど明らかでない。『広辞苑』による民族の定義では血縁関係の有無に関して直接には言及されていないが、「同属意識」という表現にみられるように、文化的特徴だけで民族が規定されるのではなく、同じ先祖から出て血統の続いている集団だという含意がある。マックス・ヴェーバーも主著『経済と社会』の中で、民族概念を理解するうえで重要な要素として、先祖を共有しているという信念を挙げている。

実際には血縁集団でなくとも、外見や習慣の類似性、植民や移民の記憶を基に、祖先を同じくしているという主観的信念を抱く人間集団を、我々は「民族」集団と呼ぼう。この信念は共同体組織化において重要な役割を果たす。ここで血縁が実際に存在するかどうかは問題でない(1)。

この章では民族の本質論的見方を批判してゆく。まず人種概念について一考し、人種とは客観的に規定できるものではなく、歴史的文脈の中で生み出された主観的な範疇にすぎない事実を明らかにするところから始めよう。人種と民族という二つの概念は違うように見えても論理形式に注目すると、実はまったく同型の考え方に支えられている。したがって人種概念の問題性を明確にし、血縁あるいは固有の文化内容を基に民族を規定する本質論的発想をしりぞけるための一助としたい。

人種概念を支える詭弁

日本語の「人種」という表現は「種」という文字を含んでいるために、一般に誤解を生みやすい。用心のために確認しておくと、「種」(species) とは、生物分類学上における基本(最小)単位である。古典的には生物全体を「動物界」と「植物界」の二つに大別して、以下順に「門」「綱」「目」「科」「属」「種」という下位概念で細分化している。「人種」に相当する英語は human race であるが、この race は「種」(species) のさらなる下位区分であり、人間以外の生物の場合には「亜種」とか「品種」とか訳されている。人類の race が「人種」と日本語において表現されるからといって「種」概念と混同してはならない。

「種」概念は個体の間で生殖が可能かどうかによって定義されるが、それ以外の単位は、種の上位概念であるか下位概念であるかにかかわらず、客観的基準に基づいて定義された概念ではなく、単に学界の慣習によって規定されているにすぎない(2)。

人類においてはどの人口集団の間でも交配が可能だから、人類はただ一つの種を構成している。生物学者によって人種概念が使用されなくなったのは人種差別を助長しないための人道的配慮などからではなく、この概念がそもそも無意味だからである。

人種とは客観的な根拠を持つ自然集団ではなく、人工的に区分された統計的範疇にすぎない。どの身体的特徴(身長・体形・髪・血液型・皮膚色・眼色・頭形・鼻形・唇形・体毛の濃さなど)に注目するかによって分類の仕方は異なってくる。例えば頭形を基準にすれば北欧人は、イタリア人やフランス人のような南ヨーロッパ住民よりもアフリカ人により近い。鼻形についていえば、エスキモーは北欧人のように狭い鼻孔を持っており、アフリカ人やアジア人とはかなり異なる。血液型の分布頻度を基準にとる場合でも、ABO式・Rh式・Kell式によるかで分類結果は非常に異なることが知られている(3)。

ある形質を軽視し、他の形質を重要視する理由はまったくない。「黒色人種」「白色人種」「黄色人種」という三つの範疇による分類が最もよく知られているが、他の分類も当然ながら可能だ。そもそも自然人類学は分類すべき人種の数そのものにさえ一致点を見いだすことができないできた。一八・一九世紀の人類学者が提唱した人種分類をみると、人種の数はまちまちになっている。生物分類学の方法を確立したことで知られるリンネは、ホモ・サピエンス・サピエンス(現世人類)を六つの人種に分類することを提案したが、ブルーメンバッハは、コーカサス人種・モンゴル人種・エチオピア人種・アメリカ人種・マレー人種の五種類に分けられるとした。さらには一七種類の人種を分類すべきだとするドゥニケーや、六〇種類の人種が存在するという学者も出た。

分子生物学の発展にともなって、遺伝子の分布状況を基準にして人類をいくつかの群に分類することが試みられ、「黒色人種」「白色人種」「黄色人種」のそれぞれに固有の要因が発見されたと主張する者もいる(4)。しかしこの手の議論は初めから論理が逆立ちしていることに注意しよう。特定の人種が存在すると仮定するならば、それに対応する固有の要因を見つけることは場合によっては不可能でない。しかしその逆の論理は成り立たない。ある要因が人類の一部のみに分布していることを発見したとしても、そのことから当該の要因を持つ個体の集合が人種を形成すると言うことはできない。

例えばA型およびB型血液凝集原は三大人種の分類枠を越えて分布しているが、血液型がAの個体の集合を「A型血液人種」と呼ぼうと提唱する学者はどこにもいない。「碧眼人種」なる概念に言及する人は誰もいないが、人類は虹彩の色によっていくつかの人種に分類するべきだという仮説から出発するならば、当然ながらこの人種分類は虹彩の色という基準に完全に対応するに決まっている。人種を根拠づける議論はこのように循環論であり逆立ちしている。もし人種の存在を明らかにするつもりならば、人種分類のために採用された基準が恣意的に選ばれていないことを証明しなければならない。しかしそのような試みは果たして成功するだろうか。

先に参照した『広辞苑』は、人種は「皮膚の色を始め頭髪・身長・頭の形・血液型などの形質を総合して分類される」と説明しているが、実はこの「総合して」という部分が曲者で、ここに大きな論理的飛躍が潜んでいる。対象がただ一つの基準によって規定されているならば、その基準にしたがって似ている対象を集めることは簡単にできる。あるいは注目する基準をあらかじめ決め、例えば個体の大きさあるいは個体の重さのどちらか一つだけの基準にしたがって分類するのならば何ら問題は生じない。しかし二つ以上の基準を同時に考慮に入れて分類しようとすると、とたんに困難が生じてくる。

リンゴがたくさんあるとしよう。これらのリンゴは、赤・緑・黄というように色も異なっているし、寸法も大小ばらつきがある。また酸味の強いものもあれば、かなり甘ったるいものもある。色・寸法・酸度のうちただ一つの基準で分類するのなら誰にもできるが、すべてを考慮に入れて分類しようとすると困ってしまう。例えば赤くて酸っぱいリンゴは、酸っぱくて青いリンゴと同じグループに入れるべきか、あるいは酸味が少なくとも赤い皮のリンゴと同じグループに分類すべきなのか。

複数の基準を同時に採用するためには、それぞれの基準に対してどのような相対的重みをかけるかを決定する必要がでてくるが、ある基準を他の基準よりも重視する理由はデータ自体から出てこない(5)。酸っぱいリンゴが大好物という消費者ならば、色の違いを無視して赤リンゴと青リンゴを同じケースに入れても代替品として許してくれるかもしれない。しかしお歳暮として贈呈するなら、粒の大きさを揃えるために、同じ赤色でも小粒と大粒のリンゴを一緒にするわけにはいかないだろう。どの基準が重要かは、リンゴの性質そのものからは決定できず、人間の勝手な都合で決めるしかない。

分類という行為は、対象の客観的性質のみに依拠して行われるのではない。分類する人間の主観的決定がなければ分類は根本的に不可能なのだ。言い換えるならば、人間の認知様式から自由な観点に立つと、すべての対象の類似度は同じになる。対象は様々な客観的性質(大きさ、色、重さ、形など)によって規定されているが、各性質に同じ価値があるとする限り、例えば色の基準が寸法よりも大切だとか、形の違いは無視して重さに注目するとか、あらかじめ決めないならば、そもそも分類という行為は成立しない。類似性の概念が意味を持つためにはそれらの性質の間に重要度の差を見いだすことが不可欠になる。逆に言うならば分類は、ある基準よりも他の基準の方が重要だと人間が決定する行為であり、ある主観的な世界観を表明することに他ならない。

ここで「人間の認知様式」とか「人間が決定する」とかいう表現は、歴史的に培われてきた文化による規定という意味と、人間の生物学的所与による規定という意味の両方において用いている。犬・コウモリ・蚊などとは異なった世界に人間は生きているが、人間に固有な所与にしたがって構成される世界の秩序はあくまでも人間に特殊なものであり普遍性を持ち得ない。ある分類形式が人間にとって自然に見えるからといって、それが世界の姿を客観的に写していると言えないのは当然だろう。

個体を特徴づける形質規定の仕方が無数にあるだけでなく、各形質の間の優劣を客観的に決めることが不可能な以上、主観を完全に離れて人種を抽出する試みは原理的に空しいのである(6)。

「黒色人種」「白色人種」「黄色人種」という分類が一八・一九世紀に作り出され、普及していった背景を理解するためには、この分類の仕方が当時の西洋植民地主義イデオロギーによく適合していた点に注意する必要がある。

アフリカ・アジア・中東・オセアニアといった地域にヨーロッパが植民地拡大をしてゆく際に、現実を後追いする形で人種理論が形成され、また理論に都合のいいように特定の身体的形質が人種の特徴として採用されていった。当時の学者が皮膚の色や髪の形状に注目し、身長・眼色・髪色など他の形質を無視したのは、ヨーロッパ人が他地域の人々を征服し、発展しつつある植民地帝国に非ヨーロッパ人を二流市民として統合していく過程において、ヨーロッパ人とそれ以外の人々とを区別する手段として身長・眼色・髪色という形質が不適当だったからに他ならない(7)。言い換えるならば、他地域の人々を支配する過程において、出会った他者を根本的に異質な存在として把握し、ヨーロッパ人との共通点にではなく、差異に注目するという作業を通して系統的な分類がなされたために、身長・眼色・髪色などよりも、「ヨーロッパ人対非ヨーロッパ人」という図式を成立させるのに都合のよい、皮膚の色や髪の形状が重視されたのだった。

選択基準がいかに学者のイデオロギー的立場に依存するかを示す好例として、頭示数(頭蓋の長さと幅の率)に関するこんな逸話がある。一九世紀中葉の話だ。石器時代のヨーロッパには短頭(長さに比べて幅の広い頭蓋)を持つ原始的な種族が住んでいたが、アーリア人という長頭の優等人種によってだんだんと取って代わられたという学説をスウェーデンの学者が発表した。この学説に従うと、「北方系人種」(スウェーデン人・ノルウェー人・ドイツ人・イギリス人など)は「ラテン人種」(フランス人・イタリア人・スペイン人など)に比べて長頭であり、したがってより優秀だという結論が導かれる。スウェーデン人である彼自身には誠に都合のよい理論だが、劣等人種と極め付けられた南欧諸国の学者が黙っているはずがなく、論争(というよりも実際はこじつけ)の応酬、そして「新学説」の発表が相次いだ。

しかしまもなく、これらの論争を支える根本の部分で破綻が現れた。というのは、最も劣等な人種とみられていた「アフリカ・ニグロ」や「オーストラリア土人」の方がアーリア人種よりもはるかに長頭であることが発見されたからだ。その上これらの学者をさらに困らせる事態が起きた。このころ発見された旧石器時代のクロマニョン人の頭蓋骨の方が現代ヨーロッパ人のそれよりもずっと長頭であることが判明したのだ。学説を維持すればヨーロッパ人の歴史は退行の歴史であることを認めなければならなくなる。そんな経緯でこれらの妄説は消えていった。

実際のところ頭示数は各個人が成長する段階でかなり変化するし、環境の影響も大きく受ける。例えば、アメリカ合衆国のヨーロッパ移民とその子供の頭示数の差の方が、北欧系アメリカ人とラテン系アメリカ人の間の違いより大きい事実も判っている(8)。

人種は、対象の客観的性質から直接規定されるような中立的概念ではないことがここからも理解されよう。遺伝子の分布状況から個体間の距離を計算して作られた集合・範疇は実在性を持たず、ある形質を持つ個体がその集合・範疇に比較的多いという単に統計的な意味にすぎない。

「混血」という言葉があるが、太古の昔から純粋人種など存在しなかった。それは歴史的事実として議論される問題ではなく、より根本的に認識論的な観点から導きだされる帰結である。純粋人種という表現において、「純粋」という言葉の意味がそもそも誤解されているのではないだろうか。家畜の品種と同じような意味で純粋な人間集団を作ることは、倫理的問題を棚上げにすれば不可能でない。近親交配を繰り返して、よく似た形質の個人ばかりを集め、その集団内部で世代をつなげていけばよい。しかしその場合に純粋というのは、各形質について集団内のばらつきが小さい、すなわち当該集団に属するどの個体もよく似ているという以上の意味はなく、その集団に属する各個体の純粋性とはまったく関係がない。例えば縮れた金髪、厚い唇、蒙古ひだの発達した瞼、黒色の肌、緑色の虹彩、鷲鼻といった形質を同時に備えた個体ばかりがそろえば、この集合は、家畜の品種と同じような意味で、純粋人種を構成しているとみなすことができる。我々の素朴な感覚に照らし合わせてこのような個体が混血だと考えてはならない。黒い皮膚と黒い瞳の組み合わせのような、各個体が持つ形質それぞれの間の相関関係と、集合の純粋性とは次元の異なった話であり、両者を混同してはいけない。

では客観的根拠がこれほど希薄な人種概念がなぜ今日でも多くの人々の常識に強くはびこっているのだろうか(9)。このような偏見が消えにくい理由をいくつか簡単に挙げておこう。まず第一に、人間は外界を把握するに際して、必ず何らかの範疇化を通して情報を単純化しながら生きている。しかし分類することによってほとんど不可避的に認知的錯覚が生じてしまい、できあがった範疇が実体視されやすい。

平均的に言えばアメリカ人は日本人よりも背が高いが、このことは全員にあてはまるわけではない。両集団の平均値の差は一〇センチにも満たないが、各集団内の最大値と最小値の差は少なく見積もっても五〇センチはある。

集合Aと集合Bがお互いに相違しているといっても、それは集合Aと集合Bがまったく同じ要素で構成されているわけではないという意味にすぎず、集合Aと集合Bは多くの要素を共有している。しかし範疇化されると、集合Aと集合Bに含まれる要素がすべて異なっているような錯覚に陥りやすい。また集合それぞれには実際には多様な要素が含まれているが、一つの名称の下に一括して把握されるために、集合に属すすべての要素があたかも均一な性質を有しているかのごとき錯覚に陥ってしまう。一般にA、Bという二つの範疇が作り出される時、AとBの間の差異が誇張される傾向と同時に、A、B各内部における均一化という認知的錯覚が生ずることが実証されている[10]。

第二に、自分の慣れた考えに合致する情報は取り込んでも、それに反する情報は無視する傾向が人間の心理にはある。このような選択的認知は通常、無意識的にまた自然に行われている。例えば、Aという民族の人々は乱暴だという考えを抱いている者は、その偏見に合致する事実に出会ったときには、その信念の正しさを確認するが、他の民族が同じような暴力行為を働いた際には気づきにくい。したがって初めの考えが根拠のないものであっても、それを支持する情報のみが受け入れられるために偏見が維持されやすい[11]。

第三に、誤った信念はたいていい社会の他の構成員によっても共有されている。そのために周囲の人々の態度・行動を観察したり、会話を交わすことを通して、根拠のない偏見であっても正しい考えであるかの如く錯覚されやすく、したがってなかなか消えてゆかない。

そして第四に注目すべき理由として、初めは誤った信念であっても、そのような偏見が現実をねじ曲げて、偏見に対応する状況を往々にして作り出してしまうことが挙げられる。例えば女性・外国人・身体障害者などが偏見にさらされ、住居や就職の分野で差別を受けたとしよう。そのような困難な状況におかれると、失業を余儀なくされたり、場合によっては犯罪に走る可能性も出てくるだろう。差別が生み出したそのような結果を目の当たりにして、「やはり、あの人たちは怠け者だ、能力が低い」とか、「社会の規則を守れない、いい加減な人間だ」などという確認がなされる。

このように、最初は根拠のない単なる偏見にすぎなかったのに、その考えの正しさを「証明」する状況を実際に作り出してしまい、したがって初めの偏見が正当化され、修正されにくいという悪循環の構造が現れる。この循環過程は集団同一性の捏造において重要な役割を果たすが、それについては第3章で詳しく検討しよう。

以上、人種概念にまつわる誤謬を指摘しながら、集団同一性が範疇化と密接に関連していることを説いてきた。次には「民族」という概念に批判的検討を加える。民族も人種概念と非常によく似た論理に支えられている点が明らかになるだろう。

民族とは何か

言語・宗教・慣習などの文化要素、経済的自律性、政治組織形態、地理的隣接性、あるいは民族名称など、民族を分類するための様々な要因が考慮されてきた。しかし実際にこれらの基準で分類を試みると、各基準による分類体系の間に矛盾が起きてしまう。例えば母語を基準にして二人の人間を同じ民族に分類しても、宗教や経済形態、政治組織など他の基準でみると二人は別々の民族に分類されるというように。

すでに指摘したように対象自体の客観的性質だけを基にして分類を行うことはできない。多数の文化的特徴がある以上、民族についても客観的分類は不可能である。人種が身体的要素から直接導かれる範疇ではなく、歴史的に社会が構成してきた概念であるのと同様に、民族も当該集団の構成員および外部の人間によって次第に生み出されてきた主観的範疇にすぎない(12)。

ノルウェーの民族学者フレドリック・バースは実証的な立場から、固有の文化内容を基に民族を規定する従来の発想を批判し、異なった民族として表象される複数の集団の間に引かれる境界に日をつけるべきだと主張した[13]。

バースの発想は、言語学においてソシュールが提唱した関係主義的認識論を想起させる。指向対象が世界に客観的に実在し、それに対応する記号表現(単語)を総体したものが言語だとするそれまでの伝統的言語観をしりぞけたソシュールは、そのような対象が先験的に存在するのではなく反対に、言語という差異化体系がこのような対象を生み出すという考えを打ち出した[14]。

同様にバースも民族の本質主義的見方を排し、関係の根源性を説く。複数の人間の集合が一つの民族として現れるのはその集団が固有の文化内容を持っているためではない。社会の構成員が人々の間に境界を設けて範疇化を行うことで複数の集団が区別され、それらが民族という単位として把握されるようになる。換言するならば、同一性が初めにあるのではなくその反対に、差異化の運動が同一性を後から構成するのである。

集団に固有な文化内容にではなく、集団間の境界に注目する必要を説く立場にとっては、二つの民族の差異をどのように捉えるかが重要な課題になる。集団の文化要素は無数にあるので、そのすべてを考慮に入れて境界が定められるわけではもちろんない。すでに述べたように分類は主観的に行われる他はないので、ある要素は民族を隔てるシンボルとして注目され、他の要素は無意識的に過小評価されたり無視されたりせざるを得ない。

先に参照した『広辞苑』は、民族を規定する主要素として言語や宗教を挙げ、時代や文化を問わず民族を分け隔てる普遍的要素が存在しているかのごとく記述しているが、それは正しくない。社会構成員が重要だと判断する特徴は歴史・社会状況に大きく左右される。

例えば今日ケベック州に住むカナダ人の同一性はフランス語を支えにしている。しかし歴史的にみれば、彼らとそれ以外のカナダ住民を隔てるシンボルの役割を長いあいだ果たしていたのは言語の違いではなく、カトリック対プロテスタントという宗教対立だった[15]。

あるいはユダヤ人にとって言語は彼らの同一性を保証する要素として重要性をもってこなかった。イスラエルでは現在ヘブライ語とアラブ語が公用語に定められているが、建国当初の状況ではイスラエルに住むユダヤ人の九〇％がイーディッシュ語を話していたのであり、将来この国の共通語はイーディッシュ語か英語になるだろうという予想がなされていた。しかしそのような状態から政府の強力な指導によりヘブライ語普及が急速に進んでいったのである。

これらの経緯にみられるように、言語や宗教といえども必ず民族同一性を根拠づけるわけではない。民族同一性のシンボルとして、ある特定の要素が選択されるのは、それが客観的重要性を帯びているからではない。民族どうしを隔てる原因として表象される要素は、外部の観察者にとっては取るに足らない場合が少なくない。あるいは反対に、外部の観察者の目には異なった複数の文化を内包していると映る状況であっても、当の集団構成員はそこに何ら民族の境界を見いださず、一つの民族として認識する場合もある。

民族という現象を把握する上で重要なのは、民族を分け隔てているシンボルの客観的特徴を分析することではなく、シンボルに付与された意味・機能を理解することだ。文化人類学者エドゥムンド・リーチは次のように述べている。

カチン族の女性が結婚前には短髪の頭を隠さないのに、結婚するとなぜ途端にターバンをこれ見よがしに巻くようになるのかは私には分からない。自らの身分に変化が生じたことを公に示すために、イギリスの女性が特定の指に指輪をする理由も私には分からない。しかし私が知りたいのは単に次のことだけだ。すなわちカチン族の女性がターバンを巻く現象には何らかの象徴的意味があること、ターバンの存在は女性の身分に関する何かを我々に伝えているということである。(16)

民族と呼ばれる集団は、言語や宗教などの文化的要素を他の集団からしばしば受容するが、そのように文化内容が変質をこうむっても、影響を行使した集団に吸収されるのではなく、たいてい自らの集団同一性を維持し続ける。それは、共同体構成員の関心がもっぱら集団間の差異、すなわち各集団のシンボルのみに向けられ、両集団に共通する他の多くの点が見逃されやすいからだ。

複数の民族間で相互交流が深まるにつれて文化内容の差が減少しつつも、各民族の固有性が以前に増して強調されることは稀でない。アメリカ合衆国においては一九六〇年代頃から、アフリカ系市民を始めとして民族同一性の高揚が叫ばれるようになったが、文化的内容に関しては、言語や習慣の均一化、民族間での結婚などが進行しているために各民族間の差がどんどん小さくなっている。同じような傾向はイスラエルにおいても報告されている。北アフリカ出身のユダヤ人とヨーロッパ出身のユダヤ人との間の文化的距離が、交流が深まるに連れてどんどん小さくなるにもかかわらず、各集団が固有の同一性をより強く主張する傾向が見受けられる(17)。

このように、民族の境界に生ずる変化、すなわち同一性の強化あるいは弱化と、文化内容の次元に起きる変化とは、二つの異なった社会心理的過程をなしている。

民族同一性を支える根拠は、当該集団の内在的特性にではなく、差異を生み出す運動に求めなければならないという主張を理解するには、次のような事実を想起するとよいだろう。戦争が勃発するやいなや、それまで国内を分裂させていた宗教対立、階級間の確執、地域紛争などが跡形もなく消えてしまい、国民全体が一枚岩になって敵に対抗するという図式ができあがることはよく知られている。それは国内の矛盾から人々の目をそらすために国家権力がしばしば用いる手段でもあるが、この例でわかるように、同じ集団に属すという感覚を特に持っていなくても、一括して威嚇されるような事態に遭遇するとき、外敵に対する対立項として「我々集団」が構成され、我々が一つの集団に属しているという認知が生じてくる。

このような集団同一化の例は枚挙に暇がない。旧宗主国に対する反植民地闘争の中から多くの国家が誕生し、国内統一が達成されてきた。日本の場合も、「国」と言えば藩を意味していた群雄割拠の時代から近代国家として統一され、「日本人」という同一性が形成された契機として、欧米列強の脅威が果たした役割を忘れることはできない。

あるいはユダヤ人移民によって建設されたイスラエルという国を考えてもよい。言語・宗教・習慣・身体的形質などに関して多様な背景を持つ人々が集まって成りたっているにもかかわらず単一民族として表象されている。ユダヤ人が神に選ばれた民だという神話がこの表象の維持に果たす役割を無視することはできないが、それだけではなく、敵意をもった人々によってユダヤ人が長い歴史を通して常に脅かされてきた事実、そして現在もアラブ諸国という外敵に包囲されているという事実をも付け加えなければならない。

「ユダヤ人国家樹立に際して最も強い原動力となったのは、実は疑いなくヒトラーなのだ」と、あるイスラエル人歴史家は述べているが、民族の誕生するからくりがこの言葉に集約されている[18]。ユダヤ人を救おうと努力してきたシオニズム運動が成就する上で最大の貢献をしたのは、皮肉なことに反ユダヤ主義だった。しかしそれは単なる偶然ではない。そこには、外部がなければ内部は存在し得ないという集団的同一性を根本で支える論理の発露を見なければならない。「反ユダヤ主義者は我々の最も確かな友人であり、反ユダヤ主義の諸国は我々にとっての友好国だ」と、テオドール・ヘルツル自身も書簡に記しているように、シオニズムの指導者たちが運動を発展させるために反ユダヤ主義を利用したことはよく知られている[19]。

バルカン半島やアフリカで民族紛争が絶えないのは民族の境界と国境とが一致していないからだという説明がしばしばなされる。しかしそれは正しい状況分析ではない。アフリカ大陸の直線的に区切られた国境線を見れば、そこに過去の植民地形成の歴史が一目瞭然に映し出されるが、歴史的偶然に大きく左右されながら成立するのは国境だけではない。民族という単位も同様に、政治・経済など外的条件の下に人々が分断され境界が設けられることをその成立契機としている。

複数の国民や民族がいるために国境や民族境界ができるのではない。その逆に、人々を対立的に差異化させる運動が境界を成立させ、その後に、境界内に閉じこめられた雑多な人々が一つの国民あるいは民族として表象され、政治や経済の領域における活動に共同参加することを通して、次第に文化的均一化が進行するのである。

西アフリカのコート・ジボワール（象牙海岸）における民族状況を例に取り上げ、民族同一性が対立的関係の中から成立してくる過程を具体的に把握しよう。[20] この国の南部には人口の約二〇％を占めるベテという民族が集まって住んでいて、現在ではこの国最大の民族集団を形成している。リベリア方面から流れてきた人々が現在のベテ民族の起源をなすという公式見解が取られたこともあるが、これは植民地時代にフランスの学者が言語分析を基にして提示した仮説を踏襲したものにすぎない。実際には、植民地形成の過程で様々な出身地から流入した人々が一つの民族の名の下にまとめ上げられたのであり、植民地化の初期にはベテなる民族はどこにも存在しなかった。当時の植民地行政記録をみても、東西また北部のあらゆる方面からこの地域に人々が移住してきた事実は明らかであるし、また植民地時代以前にはベテという民族名を当事者自身さえ知らなかったことも判明している。ベテが住む地域が均一な商業・経済圏を構成していたわけでもない。一部の人々は狩猟生活を送り、他の人々は別の種類の経済活動に従事するというように、ベテ内部の生業形態はまちまちだったし、近隣の非ベテ民族と識別不可能な村落も少なくなかった。

フランスは植民地を統括し、経済発展を促進するための政策として、貨幣経済を導入し、課税を行い、ゴムやコーラなど商品作物の栽培を奨励し、あるいは道路整備などのための夫役を課した。そして植民地管理に必要な行政措置として地域区分化を行った。この過程で他地域からベテ地方への移住を強いられた人々もいたし、また反対に、夫役を避けるために他の地方へ逃亡した住民の数もかなりに上った。この逃亡が契機となってその後、経済発展した都市部への出稼ぎ労働が頻繁になるが、出稼ぎ先においてベテと都市住民との間の経済格差は著しく、ベテは単純労働者の代名詞として認識されるようになる。このようにしてベテの民族同一性形成の第一歩が踏み出される。出稼ぎ労働者として一定の期間、他の地域で働いた後に自分の土地に帰ってくるという周期を繰り返すことで、ベテ民族に属しているという意識がより強化される。また一九六〇年代に入ると、都市部では出稼ぎ労働者の互助会が結成されたが、それらが出身地別に組織されたという事情も民族意識強化に一役買っている。

他方、ベテ地方の内部でも民族意識を高める要因が現れる。ベテ地方におけるプランテーション農業に必要な労働力を確保するために、フランスは他地域からの移入を奨励するが、その際にテコの役割を果たしたのが土地購入の可能性だった。アフリカの伝統的習慣においては、土地は先祖代々の所有であり、その利用に関しては取引の対象になっても土地売買自体はできなかった。しかし植民地行政が土地購入を可能にしたため、外部からやってきたアフリカ人がベテ地方に多数住むようになる。初めのうちはベテとそれ以外のアフリカ人とが相補関係にあったが少しずつ競合関係に発展していく。このようにして外集団と内集団という対立構造が次第にできあがる。そしてついには、ベテをリベリア出身者だとする植民地行政の見解に対抗して、ベテはこの土地に太古から住んでいたのだという神話が生み出され、外部から流入した人々に対して土地の返還を求める政治運動が起きるまでになる。

ベテ民族は、植民地主義によって導入された人為的政策が数十年というわずかの期間に作り出した虚構にすぎない。この例に明示されるように同一性という状態が初めにあるのではなく、逆に、対立する差異が同一性という現象を生み出すのである。

民族対立の原因

民族対立とか民族紛争とかいう表現があるが、これらの言葉が使用される際には、複数の民族の間に相容れない利害関係や、信仰上の相違、文化内容の差異などという与件がまずあり、そのためにこれらの民族が平和に共存することが難しいのだという理解が普通なされている。しかし今まで説いてきたように、固定した同一性を出発点として民族を発想すること自体がすでに誤っている。集団の対立は必ずしも現実の利害関係や考え方の違いがあるために生ずるとは限らない。

社会心理学における実証研究は、二つの集団の間に利害対立がまったくない場合でも、単に範疇化が起きるだけで、自らが属する集団を優遇し、他の集団の構成員を差別する傾向を明らかにしている。[21] 二つの集団の間に差別的認知が生じるための必要かつ十分な条件を調べる目的で実験が試みられたが、驚くほど簡単に差別が現れる事実が確かめられた。例えば硬貨を投げて裏が出るか表が出るかによって無作為に選ばれた半数の被験者を「紅組」と名付け、残りの半数を「白組」と呼ぶだけで、各被験者は自らが属する組をひいきするようになる。むろん組分け以外の要因は慎重に除外されている。被験者の間に知り合いはおらず、誰もが初めて出会った人ばかりだし、被験者どうしの実験中における接触は、同じ組に属する者に対しても、また相手の組に属する者に対してもまったくないように注意されている。また被験者に知らされるのは自分の所属のみであり、他のどの被験者がどちらの組に属するかはまったく知ることができない、すなわち匿名状態で実験は行われた。また各被験者は、他の被験者に対する評価はするが、自らに対してはまったく評価を行わない。したがって自分の組に属す他の被験者を優遇することによって自分自身が得られる利益は何もない。それに組分けは、くじのような完全に無作為かつ人為的な方法で行われた。

常識的に考えると差別する動機があり得ないこのような条件の下でも、組分けすなわち範疇化をするだけで、他の組の構成員を差別し、自らが属する組の他の構成員を優遇するようになる。例えば一人の構成員が描いた絵の評価をさせると、その者が自らと同じ組に属す場合には高い点を付け、全く同じ作品でも、他の組の構成員が描いたことにして評価させると低い点数しか与えないという現象が現れる。

ここで我々の関心にとって大切な点は、自分の組の利益を最大にしようとする意図よりも、自他の差を最大にしようとする動機から差別が生まれる事実だ。例えば自分の組の構成員がそれぞれ一〇〇〇円を獲得し、相手の組の構成員が八〇〇円得る状況Aと、自分の組の人々が五〇〇円を手に入れ、相手の組の人々が二〇〇円もらう状況Bのどちらかを選択できる場合、状況Aよりも状況Bを好む、すなわち自らの組が損をしてでも他の組との差が大きくなるような選択をするのである。

各集団の価値が独立に問題になるのではなく、その間の関係あるいは差異の方がより根本的な要因になっている。範疇化自体が差別的行動を生むという事実はすでに多くの追実験で確認され、年齢・性別・社会層・文化にかかわらず、人間の基本的な認知様式をなすことが実証されている[22]。

対立が範疇化自体によって生じるならば、逆に範疇化による区別が曖昧になったり消滅したりすれば、対立は自動的に和らげられるはずだ。例えば人々が集団の構成員としてではなく単なる個人として認識され、「我々」と「彼ら」という区別が弱まる場合には差別傾向が緩和される[23]。あるいは異なった集団の構成員が同じ目的に向かって協力しあう時、それらの集団全体を包括する同一性が事実上でき上がるために、その内部における区別が弱まり、結果として差別や対立が弱化することも確認されている[24]。

我々は性別・国籍・所属組織など様々な社会的範疇によって同時に規定されている。これらの範疇は交錯しているので、集団区別が「我々」対「彼ら」という単純な対立構造を通常は取らない。そのために、上述した範疇化自体を原因とする差別・対立は明確には現れない。一つの基準(例えば国籍)によって異なる集団に二人の個人が分離されても、他の基準(例えば性別)に関してはその二人が同じ集団に属するならば、範疇化が生み出す対立は相殺されて結局は弱められる[25]。

しかし何らかの原因から二極対立の構造が生まれる場合もある。パレスチナ・ユーゴスラヴィア・北アイルランドなどにおける民族紛争が急進的な形を取る理由の一端は、『ロミオとジュリエット』や『ウエストサイド・ストーリー』に出てくるような二極的構図にある。

それに対して、すでに言及したコート・ジボワールは、ルワンダやブルンジなど大量殺戮を経験した諸国に比べて政情安定を享受してきたが、六〇以上もの民族が共存し、国全体が二極分布の単純な範疇化を許さないという背景がその一因になっている[26]。

とはいえ、最近コート・ジボワールにも内紛が生じるようになった。この国は少し以前にめざましい経済発展を成し遂げ、それにともない他のアフリカ諸国から労働者が大量に流入した。そして今では全人口の四割近くを外国人が占めるまでになっている。人口構成におけるこうした変化のために、「外国人対コート・ジボワール人」という二極対立構造が生まれ、内紛が勃発しやすい社会状況になってしまった。

我々はみな社会的存在であり、民族・宗教・職業・性別といった範疇から完全に自由になることはできない。歴史的に作られてきた範疇が他の範疇に取って代わられることはあっても、範疇化という認識様式自体が消えてなくなることは、人間が人間である限り原理的にあり得ない。外敵を前にして複数の集団が協力関係に入ることによって、その間の対立が軽減されるとしても、そこには「我々」対「彼ら」の新秩序ができただけで、「内部」対「外部」という構図自体は依然として変わらない。また二極構造を避けるべきだと言っても、民族という歴史的に作られてきた範疇は政治・経済・文化のあらゆる次元を通して我々を縛っているのであり、観念の操作によって簡単に変更が加えられるようなものではない。

しかし我々の当面の目的は民族紛争を軽減するための具体的方針を提示することではない。開かれた共同体概念の検討は最終章に譲り、ここでは民族間の対立が範疇化自体に大きく起因する事実を示すことで、民族同一性がその内部だけで完結しているような錯視を批判し、内部が成立するためには必ず外部が存在する必要があることを確認するに留めよう。

差別の正体

次に具体的な民族差別を例にとって、同一性は差異化の運動によって生み出されるという本書の主張を敷衍しておこう。宗教や生活習慣などが異なるために他民族が排斥されやすいのだという意見はよく聴かれる(27)。民族同一性を本質視する傾向がここにも現れているが、果たしてこの常識は正しいのだろうか。

ナチスによって多くの同胞が虐殺されたユダヤ人について考えてみよう。当時、ゲットーに閉じこめられ伝統的文化を残していた東ヨーロッパのユダヤ人と異なり、西ヨーロッパに住むユダヤ人の場合は、フランス革命そしてそれに続くナポレオンの影響によって中世の因習から解放され、急速に同化への道をたどっていった。そのような事情からドイツのユダヤ人は非ユダヤ人とほとんど区別できないほどに社会に溶け込んでいた。例えばナチは「黄色い星」を身につけるようユダヤ人に強制したが、それは汚名の刻印を彼らに押すためだけではなかった。そうでもしないことにはユダヤ人と非ユダヤ人との区別が非常に困難だったからこそ採られた措置だった[28]。

しかしこのように同化の著しく進んでいたそのドイツにおいてまさに、反ユダヤ主義は最も激しい形態を出現させ、また住民に熱狂的に支持されたのだった。この事実を我々は重く受け止めなければならない。『架空のユダヤ人』という作品の中でフランスの思想家アラン・フィンケルクロートは近親性と憎悪との関係について次のように語っている。

一般に信じられているところとは違い、ユダヤ人が集団虐殺の犠牲になったのは、彼らが同化の努力をしたにもかかわらず虐殺政策から逃れられなかったのではない。そうではなくて、この同化の努力自体に対する反作用として虐殺が行われたのだ。ユダヤ人が非ユダヤ化すればするほど、彼らはより恐怖の的になった。彼らの出身がばれないようになればなるほど、反ユダヤ主義の世論が彼らに投げかける呪いは激しさを増した。非ユダヤ化して他の住民の中に溶け込んでゆくことがこのような激しい憎悪につながるなどと、啓蒙主義に育まれたユダヤ人にどうして想像できただろうか。彼らの敵が攻撃するのは彼らの中に残存するユダヤ性だとばかり彼らは思いこんでいた。しかし実は非ユダヤ人というこの新しい身分こそがまさに敵の恐怖と怒りを煽ったのだ。同化ユダヤ人は自らに残存するすべてのユダヤ性を消し去るべく細心の注意を持って純化に努めた。ところがゲットーの住民に対する伝統的嫌悪とは比べものにならないほどはるかに激烈な反応が、この文化的追従に対して巻き起こされたのだった[29]。(強調原著者)

距離が近くなればなるほど，境界を保つために差異化の力がより強く作用する様子がこの例によく現れている。異質性よりも同質性の方がかえって差別の原因になりやすい傾向は広範に認められる。他の状況をいくつか挙げて，その点を確認しておこう。

フランスで現在もっとも厳しい人種差別にさらされているのはアルジェリア・モロッコ・チュニジアからなるマグレブ（北アフリカ）出身者だが，彼らに比べると中国人や旧仏領インドシナ出身の人々はそれほど差別を受けていない。その理由として，マグレブ出身者の異質性に言及するフランス人は多い[30]。しかし実際には，言語習得を始めとするフランス文化への同化度や宗教の類似性などを考慮しても，東南アジア人に比べてマグレブ出身者の方がフランス人に近い要素を持っている。また身体的にみても，マグレブ出身者はフランス人と見分けることが困難な場合が少なくない[31]。

差別が客観的な差異の問題でないことは部落差別を考えても判るだろう。いかなる文化的・身体的基準によっても判別できない人々を，その「家系」を探ることにより執拗に異質性を捏造する作用力が問題なのであり，何らかの異質性が初めにあるのではない。

在日朝鮮人が日本社会で差別される理由として，彼らの異質性に言及する日本人は少なくないが，現実には言語を始めとする文化の面においても，また身体的な観点からも朝鮮人ほど日本人に近い人々はないだろう。そのうえ在日朝鮮人のほとんどは日本に生まれ育った世代であり，「外国人」として生きることを余儀なくされながらも，その多くは日本語しか話せないという状況，そして日本人との結婚が進んでいるという事実も，在日朝鮮人の日本人との同質性をさらに強化する要因として働いている[32]。

黒人に対して拒絶反応を示す日本人は未だに後を絶たないが，「生理的嫌悪感」などという表現にみられるごとく，越えることのできない肉体的差異がまずあり，それが「自然の感情」として拒否を生み出すのだという発想がそこにはある[33]。しかし我々はこのような逆立ちした説明に満足することはもはやできない。例えばアメリカ合衆国南部出身の白人作家は、自らが抱く不合理な黒人差別の感情を次のように分析している。

（……）私が若い頃北部に移って黒人達と対等の立場に立ってつきあいを始めた頃、私は自分が、感情的にも、知的にも、黒人に対する偏見を払拭していたつもりだった。しかし（……）黒人と握手をするたびに、私は自分の手を洗いたいという、甚だ不合理な、しかし、強烈な衝動に駆られたのであった。私はあわて、困惑し、自らを恥じた。しかし、黒人と握手をした自分の手がよごれているという感情を、どうしても禁じえなかった。これは実に信じられない、おかしな感情であった。というのは、私は生まれおちた瞬間から、黒人召使の黒い腕に抱かれ、黒い手によって体を洗われ、黒い乳房から乳をもらい、黒い手の作る食事をたべて育ったのであり、彼等の黒い肌がきたないと感じたことは、ただのいっぺんたりともなかったからである。[34]

境界が曖昧になればなるほど、境界を保つための差異化ベクトルがより強く働く。人種差別は異質性の問題ではない。その反対に同質性の問題である。差異という与件を原因とするのではなく、同質を差異化する運動のことなのである。[35]客観的な距離などが問題なのではない。対人関係あるいは対集団関係における距離というものは、もともと社会心理的な過程で生み出されてくる現象であることを忘れてはならない。

この章では、文化・習慣・身体的要素などという客観的固有性を根拠にして民族同一性を措定する発想に対して批判を行い、民族同一性は主観的に生み出される虚構だという立場を主張した。しかし民族を実体的に捉える考えの誤りを明らかにするだけでは、民族同一性の正体を十分に理解することはできない。民族は共通の祖先から派生し、血縁を通して連続性が保たれていると一般に了解されている。したがって我々の次なる考察の焦点は、民族が時間を超えて自己同一性を維持するという通念に定められなければならない。

註

(1) M. Weber, *Wirtschaft und Gesellschaft*, Tübingen, Mohr, 1956 (tr. fr. *Economie et société*, Paris, Plon, vol. 2 1995, p. 130). 邦訳、シリーズ『経済と社会』(創文社、一九六〇—七六年)に収載。

(2) 種といえど、生殖隔離で定義できるのは有性生殖する生物のみであり、バクテリアのように自己分裂しながら繁殖する場合や、植物のように異種間交配が可能な場合もあるので、この定義さえも万全なものではない。すなわち生物界全体を通じて種を定義する客観的基準は見つけられない。

(3) J. Ruffié, *De la Biologie à la culture*, Paris, Flammarion, vol. 2, 1983, p. 114–116. 邦訳、リュフィエ、河辺俊雄他訳『生物学から文化へ』(全三巻、みすず書房、一九八四—八六年)。

(4) 実状はもっと曖昧である。アメリカ先住民に特徴的であるといわれるDiego(a)因子は集団によってその分布率が〇%から五〇%もの変異を示すし、「白色人種」に固有だと思われたKell因子に関しても、率は低いものの、アフリカに住む「黒色人種」にも、その存在が確認されている。*Ibid*., p. 116.

(5) 多変量解析と称する統計手法があるが、このような表現にごまかされてはならない。多変量解析の原理を簡単に示すと次のようになる。考慮される変数で構成されるベクトルをまず考える。そして各変数に最終的に与えられるべき相対的加重をこの段階では未知数として導入し、それを各変数に掛ける。このようにして相対的重みを加えられた各変数を項とする方程式を作ることで、多次元のベクトルを一次元のスカラーに還元してしまう。例えば身長と体重という二つの変数を合成して単一の合成変数に還元してしまってから、データ全体の分散が最大になるようにしたり、あらかじめ仮説的に想定されているグループの間の差異が最大になるように、各変数に先に暫定的に掛けた相対的重み(未知数として導入してある)を後から計算する。この手順からわかるように、分散を最大にするとか、仮説的に想定されている集団をできるだけ差異化するというような、データ自身に内在していない外的条件を導入することによって複数の変数を同時に考慮しているにすぎない。複数の基準にもとづいて同時に比較することは論理的に不可能である。

(6) 分類の恣意性に関しては、池田清彦『分類という思想』(新潮選書、一九九二年)を参考にした。また論理学的立場からの厳密な論証としては、渡辺慧『知るということ——認識学序説』(東京大学出版会、一九八六年)の第四章「客体と述語」および第五章「言語・論理的相対性」を見よ。

(7) P. Wade, "'Race', Nature and Culture", *Man*, 28, 1993, p. 17–34.

(8) S. J. Gould, *The Mismeasure of Man* (tr. fr. *La Mal-mesure de l'Homme*, Paris, Editions Ramsay, 1983, p. 111–113). 邦訳、グールド、鈴木善次・森脇靖子訳『人間の測りまちがい——差別の科学史』(河出書房新社、増補改訂版一九九八年)。

（9） 日本では「人種」概念自体に対する疑念は一般に強くない。実際、日常会話の中で、世界の諸民族を形容する際に「人種」という言葉が頻繁に使用されているし、「モンゴロイド」などという表現を平気でタイトルに入れたりしている（科学朝日編『モンゴロイドの道』、朝日選書、一九九五年）。この用語の使用理由を編者は次のように説明している。「ここまでとくに説明もしないまま使ってきた『モンゴロイド』という言葉は、かつて教科書などで習った世界三大人種であるニグロイド（黒人）、コーカソイド（白人）、モンゴロイド（いわゆる黄色人）の分類をそのまま用いたものである。（……）ユネスコは一九五一年に、モンゴロイドをはじめとした三大人種の呼称は、しばしば差別につながる誤った見方を生み出すからやめようという声明を発表し、そのかわりに『アフリカ人』『ヨーロッパ人』『アジア人』というように地域名で呼ぶことを提案した。たしかに差別が少しでも減ることには賛成である。しかしアフリカ人やヨーロッパ人はともかく、南北アメリカやオセアニアにまで拡散しているモンゴロイドを、急にアジア人と呼ぶとかえって誤解を生むおそれがあるので、本書ではあえて『モンゴロイド』を使うことにしたい」（二四―二五頁）。

しかしこれではまるで、「三大人種」が確固として実在してはいるが社会的影響を考えて用語を変更する、という小手先の道徳的配慮をしただけであるかのように理解され、ユネスコ宣言の射程を矮小化してしまう。それに、「ニグロイド」「コーカソイド」「モンゴロイド」という用語は、同書が言及している一九五一年採択の「人種および人種的差異に関する宣言」では実は一度も使用されていない。確かにその前年に採択された「人種に関する宣言」では、「モンゴロイドグループ」「ニグロイドグループ」「コーカソイドグループ」という表現が一カ所（第七条）のみで使われているが、その後に採択された三つの宣言ではまったく姿を消している。また、「差別をさけるために三大人種の呼称を地域名で呼ぶことを提案した」というくだりについてはまったくの我田引水であり、それに相当する章句は存在しない。

同書は客観的な科学データに基づいて論述がなされており、どこを見回しても人種差別を助長するような記述はない。しかし、その良心的意図にもかかわらず、このような扱いをすると統計的範疇でしかない「人種」という概念が実体のように受け取られてしまうのは否めない。悪意がないからこそ、そこには個々の本の問題を超えて、「人種」にまつわる日本人一般の世界観が透かし彫りのように見えている。差別に直接つながるかどうかだけが問題なのではない。「ユダヤ人は優秀な民族である」とか「黒人は生まれつきの優れたリズム感を持っている」などという迷信はあいかわらず絶えないが、悪口を言っているのではないだけに、このような「人種」偏見はかえって執拗である。拙稿「『人種』概念と文化的文脈」『影書房通信』第一四号（一九九七年）一一―一四頁。ユネスコ宣言に関してはフランス語版を使用した（*Le Racisme devant la science*, Paris, Unesco/Gallimard, 1973）。度重なるユネスコ宣言において人種概念の扱いが変遷した経緯と背景については、J. Gayon, “Faut-il proscrire l'expression ‘races humaines’?, UNESCO, 1950–1951”, in *L'Aventure humaine. Savoir, libertés, pouvoirs*, n°12 (La société et ses races), 2002, p. 9–40 が詳しく論じている。

(10) H. Tajfel & A. L. Wilkes, "Classification and Quantitative Judgment", *British Journal of Psychology*, 54, 1963, p. 101–114; W. Doise, J.-C. Deschamps & G. Meyer, "Accentuation des ressemblances intracatégorielles", *in* W. Doise (Ed.), *Expériences entre groupes*, Paris, Mouton, 1979, p. 281–292.

(11) 範疇化と選択的認知というこれら二つの心理機制は、生物学的所与にすでに規定された人間の基本的な認知構造の特徴であり、その意味において、事実の歪曲を完全に避けることは不可能である。しかし人間の認知が必ず何らかの歪曲をともなうという事実と、その歪曲のされ方がどのようなものになるかということは別の問題である。つまり、現実にどのような範疇化がなされるかを生物学的所与が規定するのではない。

(12) 本書で「主観」と言うとき、個人的主観性ではなく、社会的相互作用を通して構成される間主観性を意味している。詳しくは第3章を参照。

(13) F. Barth (Ed.), *Ethnic Groups and Boundaries: The Social Organization of Culture Difference*, Bergen/Oslo, Universitetsforlaget, 1969.

(14) F. d. Saussure, *Cours de linguistique générale. Edition préparée par Tullio de Mauro*, Paris, Payot, 1972. 邦訳、ソシュール、小林英夫訳『一般言語学講義』(岩波書店、一九七二年)。

(15) D. Meintel, "Transnationalité et transethnicité chez les jeunes issus de milieux immigrés à Montréal", *Revue Internationale des Migrations Européennes*, 9, 1993, p. 63–79.

(16) E. Leach, *Political Systems of Highland Burma*, London, Bell, 1954 (P. Poutignat & J. Streiff-Fenart, *Théories de l'ethnicité*, Paris, PUF, 1995, p. 144 から引用). 邦訳、リーチ、関本照夫訳『高地ビルマの政治体系』(弘文堂、一九九五年)。

(17) A. Weingrod, "Recent Trends in Israeli Ethnicity", *Ethnic and Racial Studies*, 2, 1979, p. 55–65.

(18) E. Barnavi, *Une Histoire moderne d'Israël*, Paris, Flammarion (1e éd. 1982), 1988, p. 27.

(19) S. J. El-Azem, "Sionisme. B. Une entreprise de colonisation", *Encyclopædia Universalis*, 1989, vol. 21, p. 63–65. 二〇〇〇年もの長い迫害の末、ヨーロッパのユダヤ人はついに、フランス革命がもたらした解放に希望の灯を見るに至る。フランス普遍主義はユダヤ人全体を民族として解放するのではなく、あくまでも個人として一人一人のユダヤ人に自由を与える方向をとった。そのためにこの解放運動の先に待っていたのは居住地の文化への同化だった。西洋近代に信頼を寄せるユダヤ人にこの方向は受け入れられ、彼らは進んで同化の道を歩むようになる。このような解放の雰囲気の中では、同化を拒否し、パレスチナにユダヤ人国家を建設しようというシオニズムの企てはユダヤ人の支持を得ることができなかった。シオニズム運動が多少なりとも勢力を持ち出すのは、一九世紀末になって反ユダヤ主義が再びぶり返し、ユダヤ人が危惧を抱くようになってからだった。テオドール・ヘルツルは一八九六年に『ユダヤ人国家——ユダヤ問題の近代的解決の試み』(佐藤康彦訳、法政大学出版局、一九九一年)を発表したが、精力的なシオニズム活動を彼がするようになる時期は、ユダヤ人排斥が激しくなるちょうどこの頃にあたっている。

反ユダヤ主義の脅威が強まる状況の中で、同化の期待を完全に断ち切り、シオニズムの悲願を成就させる上で最大の「貢献」をしたのは、数百万のユダヤ人を強制収容所のガス室に送り込み虐殺したヒトラーだった。ユダヤ人総人口のおよそ三分の一を滅亡させたこの悲劇は、他の民族と同じようにユダヤ人も自らの国家を持つ以外に「ユダヤ問題」に対する最終的解決はあり得ないと主張してきたシオニズム運動の正しさを如実に証明したのだった。ショアの心理的衝撃は一挙にしてシオニズムの信頼性を増大させた。またそれ以外に、現実的な戦後処理の面においても、ユダヤ人が同化する道は完全にふさがれてしまった。連合軍が勝利した後において、ナチス・ドイツの魔手から辛うじて生き残った一〇万人ほどのユダヤ人に対して、どの国も受け入れを渋ったからだった。残る可能性はパレスチナへの入植しかなかった。

「ユダヤ問題」解決のために歴史がユダヤ人に課したのは結局、次の四つの可能性からの「選択」だった。第一は各国家の内部に少数民族として居住し続ける方向、第二は解放から同化に至る道すなわち民族としてのユダヤ人を消滅させる方向であり、第三はヒトラーに象徴されるように、個人として物理的に絶滅させられる方向だった。そして最後に残った可能性が、他の民族と同じように国民国家を形成する方向、つまりパレスチナの地にイスラエルという国家を樹立することだった。ナチスによる「ユダヤ問題最終解決」が論外なのは言うまでもないが、もし解放後に周囲の住民がユダヤ人に対する迫害をやめ、友好的関係を築き上げたとしたらイスラエルは成立しなかったに違いない。E. Barnavi, *op. cit.*, p. 14–29. ナチス降伏の後に生き残ったユダヤ人がパレスチナに移住する経緯については B. Wasserstein, *Vanishing Diaspora. The Jews in Europe since 1945*, London, Penguin Books, 1997, ch. 1 を参照。

(20) J.-P. Dozon, "Les Bété : une création coloniale", *in* J.-L. Amselle & E. M'Bokolo (Eds.), *Au cœur de l'ethnie. Ethnie, tribalisme et Etat en Afrique*, Paris, La Découverte (1e éd., 1985), 1999, p. 49–85.

(21) H. Tajfel (Ed.), *Differentiation between Social Groups: Studies in the Social Psychology of Intergroup Relations*, New York, Academic Press, 1978.

(22) R. Y. Bourhis, A. Gagnon & L. C. Moïse, "Discrimination et relations intergroupes", *in* R. Y. Bourhis & J.-P. Leyens (Eds.), *Stéréotypes, discrimination et relations intergroupes*, Liège, Mardaga, 1994, p. 161–200.

(23) D. A. Wilder, "Reduction of Intergroup Discrimination through Individuation of the Outgroup", *Journal of Personality and Social Psychology*, 36, 1978, p. 1361–1374.

(24) M. Sherif & C. W. Sherif, "Ingroup and Intergroup Relations. Experimental Analysis", *in* M. Sherif & C. W. Sherif (Eds.), *Social Psychology*, New York, Harper & Row, 1969, p. 221–266.

(25) J.-C. Deschamps & W. Doise, "L'effet du croisement des appartenances catégorielles", *in* W. Doise (Ed.), *Expériences entre groupes*, Paris, Mouton, 1979, p. 293–326.

(26) J.-P. Dozon, *op. cit.*, p. 53–54.

(27) フランスには外国人や帰化者が多く住んでいるが、一九八〇年代頃から移民問題が深刻さを増すに伴って、「寛容の限界値」(seuil de tolérance) という表現がマスコミや政治家の発言の中で使用されるようになった。異質のものを許容するには限りがあり、外国人居住者の割合がある限界点を越えると必ず社会問題が発生するという発想からこの概念が生み出された。しかしこのような考えは事実と照らし合わせて誤っている。例えば一九九六年に実施された社会調査によると、外国人居住者の割合が一%を越えない地区において住民の七六%が「フランスにはアラブ人が多すぎる」という苦情を漏らしているのに対し、外国人居住者の割合が全体の一〇%以上にのぼる地区では、同様の意見を表明する者は四五%に留まっている ("Plus il y d'étrangers, moins il y a de racistes", *Le Monde*, 21/03/1996, p. 12)。

(28) S. M. Lymann & W. Douglass, "Ethnicity: Strategies of Collective and Individual Impression Management", *Social Research*, 40, 1973, p. 344–365.

(29) A. Finkielkraut, *Le Juif imaginaire*, Paris, Seuil, 1980, p. 88. フランスの社会学者エドガール・モランも『オルレアンのうわさ』(杉山光信訳、みすず書房、新装版一九九七年) の中で同様の現象を報告している。一九六〇年代末にパリの南の町オルレアンで、洋服店の試着室に入った女性が麻酔を掛けられた後に誘拐され、売春奴隷として外国に売り飛ばされているという流言が広まった。そしてその中傷の対象になったのがすべて、ユダヤ人が経営する店だった。ところが中傷にあったこれらのユダヤ人は完全にフランス社会に同化し、ユダヤ人であることが容易には判別できないような人々だったのに対し、いかにもユダヤ人風で東ヨーロッパの訛を残しているような人々は被害にまったく遭わなかった。E. Morin, *La Rumeur d'Orléans*, Paris, Seuil, 1969, p. 25, 48–56.

(30) 一九八九年に実施された調査において、移民、特にマグレブ出身者に対して、「彼らはあまりにも異質な存在なのでフランス社会に溶け込むことができない」と、五一%のフランス人は回答している。*L'Etat de l'opinion*, rapport annuel de la Sofres, 1991 (R. Kastoryano, *La France, l'Allemagne & leurs immigrés: négocier l'identité*, Paris, Armand Colin, 1996, p. 74 から引用).

(31) 例えば一六歳になってからフランスに入国した外国人(入国後にフランス国籍を取得したかどうかは問わない)のフランス語習得度をみると、アルジェリア出身者の五八%がフランス語を問題なく話せるのに対し、東南アジア出身者では五一%とやや低い数字になっている。識字率についてもアルジェリア出身者の方が、東南アジア出身者よりもフランス文化に同化している傾向がでている。アルジェリア出身者においては、母語(アラビア語・ベルベル語)の識字率が二六%に対してフランス語の識字率が三八%であり、フランス語の読み書きの習得が勝っているが、東南アジア出身者ではその反対の傾向になっている。すなわち、フランス語の識字率五二%に対して母語の識字率が八三%と前者をはるかに上回っている。

子供の時からフランスに住んでいる層(一六歳未満の時点で入国)の識字率に注目すると、両者ともフランス語の識字率が母語のそれをはるかに超えているが、アルジェリア出身者のフランス語識字率が九二%、東南アジア出身者の識字率が八六%である。母語の識字率についてはアルジェリア出身者が八%に対して東南アジア出身者では三七%という結果がでている。したがって、東南アジア出身者のフランス語識字率をアリジェリア出身者のそれが上回っているだけでなく、東南アジア出身者は母語をより強く保存している。

言葉に関してもう一つだけデータを挙げておこう。家庭内で子供と会話する際にどの言葉を使用しているかを知ることは、親のその時点での同化度のみにとどまらず、将来に向けてフランス社会にとけ込んでいく意志があるかどうかを計る一つの重要な目安になる。一六歳以上で入国した者を対象に比較すると、アルジェリア出身者については、その三五%がフランス語のみを子供との意思伝達に使用している。ところが東南アジア出身者においては二三%というより低い数値になっており、東南アジア出身者に比べてアルジェリア出身者の方がフランス文化への同化により熱心な様子がうかがわれる。より詳しくは拙著『異文化受容のパラドックス』(朝日選書、一九九六年)八三—八七頁を参照。

(32) 在日朝鮮人に関しては、第6章で再び考察する。

(33) 黒人に対する日本人の偏見については、我妻洋・米山俊直『偏見の構造——日本人の人種観』(NHKブックス、一九六七年)第四章、ジョン・G・ラッセル『日本人の黒人観——問題は「ちびくろサンボ」だけではない』(新評論、一九九一年)、前掲拙著第二章などを参照。

(34) G. B. Leonard, "A Southerner Appeals to the North: Don't make our mistake", *Look*, 28, 1964, p. 16, 18. 我妻・米山前掲書、二一一—二一二頁から引用。

(35) 異質性よりもかえって同質性の方が大きな心理的な問題を孕むという事実は、社会心理学の実験研究によっても確認されている。J. M. Marques & V. Y. Yzerbyt, "The Black Sheep Effect: Judgmental Extremity towards Ingroup Members in Inter- and Intra-group Situations", *European Journal of Social Psychology*, 18, 1988, p. 287–292; J. M. Marques, V. Y. Yzerbyt & J.-P. Leyens, "The 'Black Sheep Effect': Extremity of Judgments towards Ingroup Members as a Function of Group Identification", *European Journal of Social Psychology*, 18, 1988, p. 1–16.

第2章　民族同一性のからくり

民族を構成する人々の類似性を問い直すという観点から同一性を今まで考察してきた。しかしこれは、あるものがそれ自身と同一であるという本来の意味での同一性とは異なっている。民族の同一性を十全に捉えるためには、構成員間の関係に注目するだけでなく、全体としての集団それ自体がどのように連続性を保つのかを明らかにしなければならない。

「私は隣人と同じ車を持っている」という表現を考えてみよう。そこで意味されているのは、同じ製造元の同じ機種、同じ排気量、同じ色で塗装された二台の車を隣人と私とがそれぞれ持っているという事実だ。二台はあまりにもよく似ているために容易には判別できないかもしれない。しかしそれでも二つの対象があることには間違いない。それに対して、「車の修理をしたばかりだが、新品同様になって帰ってきたので見違えてしまった」と述べるとき、ここではただ一つの対象が問題になっている。修理前の車と修理後の車は全然似ていない。しかしそれでも一つの車しか存在していない事実には変わりない。

前者の意味における民族同一性は前章で考察した。この章では後者の意味での同一性を検討してゆこう。

民族という言葉が使用されるとき、時間の経過とともに様々な要素が変化するにもかかわらず、その集団に綿々と続く何かが存在しているという了解がある。この時間を越えて保たれる同一性はどのように把握すべきなのか。絶え間なく変化してゆくという認識と同時に連続性が感じられるのは何故なのだろうか。日々、赤ん坊が生まれ、老人が死ぬという変遷がありながらも日本人が常に日本人であり続けるという事態はどんな根拠に支えられているのだろうか。[1] 民族が連続性を保っているとして、通常、援用される根拠は次の三種類であろう。(1)民族や国民と呼ばれる集団の同一性は、個々の人間を超越する何らかの本質が存在することで保証されている。(2)民族同一性は構成員間の血縁的連続性によって維持される。(3)民族を構成する個人はどんどんと入れ替わってゆくが、文化的継続がある限り、民族同一性は保たれる。

言い換えるならば、第一の考え方では、実際の個人とは別に超歴史的な「民族精神」のような実体の存在が想定されている。第二の発想においては、血縁を保つ大家族のようなものとして民族が把握されている。そして第三の提案においては、歴史的事実としていくつかの重要な文化的要素が保持されるという点に依拠して民族の連続性が定立されている。順に検討していこう。

民族は実体か

人間集団は時間が経過するにつれてその構成員が必然的に入れ替わる以上、構成員自体の同一性を語ることはできない。そこで出てくる発想の一つに、民族には超歴史的な本質が内在し、構成員とは別にあるいは独立に実在し続けるというものがある。過去の思想家の文章を読むと、人間社会の有機的結合を説明するために生物との比喩がしばしば用いられ、例えばルソーは次のように述べている。

個々の政治組織はちょうど人間のような有機的生命体と見なすことができる。主権者は頭に相当し、悟性と意思の中枢を司る頭脳や神経の役割を果たすのが法律や慣習になる。判事と行政官は臓器にあたる。商業・工業・

農業は物資を調達する口や胃だ。養分と生命をからだ全体に分配するのは心臓の機能だが、同様に市民は装置を動かし活性化させ働かせる組織体自体であると共にその構成要素でもある。どの部分であろうとも傷つけてはいけない。この動物の健康状態は痛みの感覚を通してすぐに頭脳に到達するようになっている(2)。

このような有機体説は珍しいものではない。しかしたいていは理解を助けるための単なる比喩として援用されたのであり、民族や政治共同体を超越的存在として本気で捉える思想家はまれだった。ここに挙げたルソーも、集合的存在を有機体説的な発想の下に把握していたのでは決してない。様々な個人が合理的契約を結ぶことを通して共同体が成立するという彼の思想からしてもそれはあり得ない。そもそもこの比喩に言及する前に、「実際は多くの点で正確を欠くのだが、私の考えを伝えるために都合がよいので、さしあたっては次のような比較を用いることを許されたい」と、ルソーはちゃんと断っている(3)。

個人主義的表象が広まり、常識として定着した現在では、個人を超越した存在として民族を措定する思想家はまれなので、ここで批判を展開する必要はないだろう(4)。それよりも社会学で扱われる集団の概念に関してしばしば犯される誤解を取り除いておこう。社会学においては一般に、集団自体と、それを構成する個人との間には質的差異があると考えられている。したがって社会現象を個人心理に還元する試みはしりぞけられる。そのことはしかし社会や集団を実体視することにはつながらない。民族の実体化を戒める意味で、フランスの社会学者エミール・デュルケムの例を取り、この点を確認しておこう。各構成員の行為と集団現象とがまったく別々の法則に貫かれているとデュルケムは主張し、個人を考察する場合とは別の分析姿勢をもって集合現象を研究しなければならないと説いた。

複数の個人精神は寄り集まり、浸透しあい、また融合しながら他の精神的存在になり、新たな種類の精神的個体性を生み出す。したがって、このようにして生成される現象の直接的かつ決定的な原因を見いだすためには、各構成要素の性質にではなく、この生成された個体性自体に注目しなければならない。構成員がそれぞれ孤立した状態にある時とはまったく異なった仕方で、集団は考え、感じ、行動している[5]。

　集団の行動傾向は、集団固有の法則に従う。性質は異なろうとも、集団を機能させる力は物理的力と同様に実在する力であり、個人に対して外部から力を行使する[6]。

しかしこれらの文章の表現につられてデュルケムの真意を誤解してはならない。彼の取り上げる集合意識なるものは反省的に捉えられた現象のことであり、思考や行為の主体ではない。デュルケム自身による次の文章が明示するように、超個人的実体の定立を意味するのではない。

　個人的であるか社会的であるかを問わず、意識とは実体のようなものではまったくなく、多かれ少なかれ有機的に結びつけられた現象群の集合にすぎないと私は何度も繰り返し言明している。しかしそれにもかかわらず、私の立場に対して実在論だの、存在論主義だのという非難がなされてきた[7]。

個人の単なる集合以上のものとして集団を捉えなければならないと主張しても、それは認識論的観点からなされているのであり、存在論的観点からではないことがこの警告からわかる。彼の社会学に頻出する「集団意識」「集団の精神的個体性」などという表現は、個人現象と集団現象との間に横たわる断絶を強調せんがための比喩にすぎない。ここで言及されている集団的単位は、それ自体が思考し意思決定するような主体としてではなく、我々人間主体の意識という場所に構成される現象として理解されなければならない。

集団の実体性を否定するにもかかわらず、方法論的には集団を個人に還元しないという立場は何ら矛盾していない。少し長いがこの点が明確にされているので、ドイツの社会学者ゲオルク・ジンメルの説明を引いておこう。

(……)各個人以外には何も実在しないという事実は疑う余地がない。人間が作ったもので、人間の外部に実際に存在するのは物質的なものだけだ。ここで我々が言及している生産物[社会現象]は精神的なものだから、したがってそれらは人間各個人の知識の中にのみ存続する。個人以外には何も実存しないならば、集団現象の超個人的特徴や社会構造の自律性をどうやって説明すればよいのだろうか。この二律背反を解消する方法はひとつしかない。完全な知能にとっては個人のみが存在すると認めなければならない。ものごとの根底を見透かすことのできる眼差しにとっては、各個人を越えて構成される新しい現象、あるいは各個人から独立しているかのように映る現象はすべて、これら個人の間で相互に交わされる行為群に還元されるだろう。しかし残念なことに、このような全能の知は我々には与えられていない。各個人を結ぶ関係群はあまりにも複雑であるために、その関係群を究極的要素に還元しようと欲する試みは見果てぬ夢にすぎない。これらの現象がそれぞれ自足的に同一性を保っているかのように扱う他に我々には手だてがない。したがって、国家・権利・法律・流行などに対して、それらがまるで単一な存在であるかのごとく我々が言及しても、それは単に方法上の手続きとしてのみ行っているのだ[8]。

第3章で詳しく検討するように集合現象は、生産者たる人間自身に対して自律的な運動を展開し、客観的な外力として我々の前に現れる。人間の生産物であるにもかかわらず、そこから人間自身が疎外され、あたかも生命が与えられたかのような様相を集合現象は持つにいたる。とはいえ集合現象は必ず人間の相互作用から生まれてくるのであり、人間を離れて集合現象が存在し得るわけではない。民族が自律的運動をしているかのごとくに映ったとしても、主体性を持つ実体として民族を措定することはできない[9]。

血縁神話

民族の連続性を定立する試みとして援用される第二の議論は、共同体の構成員が保っているとされる血縁関係に注目する。マックス・ヴェーバーが説くように、民族概念を理解するためには先祖を共有しているという信念に注目しなければならない。しかしこのような信念は果たして事実に基づいているのだろうか。

同じ先祖から派生しているという感覚が共同体構成員に共有される条件として、遺伝による身体的類似性はむろん無視できないが、かといって身体的に似ていれば必ず、血縁で結ばれているという感覚が生まれるとは言えない。所与の客観的形質が特定の文化・歴史的文脈の中で解釈されて、血族関係の証として了解された際に初めて、同じ民族に属するという感覚が発生してくる。身体的要素自体は、文化遺産・習慣・言語などと並んで、そのような信念を生み出す諸条件の一つにすぎない。

お互いに血縁関係を結んでいるという感覚が持たれるとき、政治的共同体が形成され、そして共同生活を営む中から共通の言語や文化が発展する。しかしまた逆に、複数の人々が共通の未来を描き、運命共同体としての政治機構を構成するとき、初めは人工的な集合にすぎなかったのにもかかわらず、数世代にわたって共同生活を営むうちに、先祖を同一にしているという神話が後になってでっちあげられることも多い。

マックス・ヴェーバーはその例としてヘブライ十二支族や古代ギリシャ諸族の場合を挙げている。政治的理由からポリスが区分されていたにもかかわらず、同じ神々を崇拝することを通して、各族はそれぞれ虚構の祖先を作り上げ、血縁で結ばれているという神話を作り出した。同様にヘブライの十二支族も政治的区分がその起源であり、各支族は交代で毎月何らかの行事を共同体内で担当していた。ところが初めは便宜的な区分にすぎなかったのに、後になってそれが忘れ去られ、血縁関係を共有する人々であるかのような物語が作り上げられていった。そもそもこのような族の数が三とか一二とかいう「切りのよい」数値に――ちょうど三位一体や十二使徒と同様に――しばしばなっている点にもヴェーバーは注目し、政治的かつ人工的に作り上げられた名残だと指摘している。[10]

フランス・ドイツ・イタリア・日本などは国民国家と呼ばれ、二〇世紀に入ってから流入した移民を別にすれば、基本的に単一民族で成り立っていると一般に考えられている。しかし事実はどうか。

血縁を基に国籍を規定するのではなく、国家に属する意志を表明する者が国民なのだという契約主義的国家理念はフランス革命によって推進された。そのためにフランスでは外に開かれた国籍概念が採用されており、帰化が比較的容易にできる。一八八〇年から一九八〇年のちょうど一〇〇年間に出生したフランス人のうち、八〇〇万人が第一・第二・第三世代の移民を親に持つという統計が出ている。つまり、わずか数世代前まで遡るだけで現在のフランス人の三割以上が外国出身者になってしまう。[11]

また、フランスに外国人が大量流入した原因を理解するためには、それ以外に人口的要因も考慮しなければならない。ナポレオン時代から第二次大戦までの時期にドイツでは人口が四倍になったのに対して、フランスでは五〇%しか増加しなかった。他のヨーロッパ諸国が自国民を外部に移民として送りだしていた一九世紀中頃から第二次大戦後までの期間において、他国に比べ約一世紀早く産児制限の傾向が現れだしたフランスだけは例外的に、労働力不足を補うためにベルギー・イタリア・スペイン・ポーランド・アルメニア・ポルトガル・北アフリカからの移民を受け入れていたという事情がある。

最近になって移住してきた一世代目の外国人を除けば、ほとんどの外国出身者はフランス人だという自覚を持っている。また、彼らを外国人だと考えるフランス人はあまりいない。このようにわずか数世代の時間をへるだけで、外国人が「単一民族」国家に比較的簡単に統合されてゆく。[12]

フランスとは対照的にドイツでは、国籍法が最近改正になって外国人の帰化に対する規制が緩やかになったとはいえ、血縁に基づいた国籍概念を依然として採用している。したがって、ドイツが統一された一九世紀後半以降の時期に話を限るならば、血縁による民族連続性はある程度保証されていると言えるかもしれない。
しかし時代を遡れば、四世紀頃から六世紀頃まで続いた民族大移動によって、ヨーロッパの民族地図は根底的に書き改められており、現在ドイツ人と呼ばれる人々の先祖は「ゲルマン人」「ケルト人」「スラブ人」などの混合であることを忘れてはならない。そもそもゲーテやヘルダーなどロマン派の思想家が活躍する一八世紀後半以降になってからドイツ民族・文化という範疇が生まれたのであり、それまではドイツ人の同一性という概念自体が意味をなさなかった。

一九世紀後半に統一運動が始まったイタリアについても同じことが言える。「さあイタリアはできあがった。これからはイタリア人を生み出さなければならない」という有名な演説が統一完成後最初の国会でなされているが、ここからもイタリア人という同一性が最近の産物であることがわかるだろう[13]。

ちなみに総人口に占める外国人の割合をみると、外国人滞在者率は一九九〇年の時点で、フランスが六・四%、旧西ドイツが八・二%と、ドイツに比べてフランスの方が低い数字になっていた。これは、ドイツでは帰化が困難なため外国人は元の国籍のままでいるのに対し、フランスでは帰化を通してフランス国籍を取得する(たいていは元の国籍も保持する二重国籍者となる)ために統計数値に現れなくなるからだ。一九九九年に最新の国勢調査が実施されたが、前回の国勢調査の時期からの九年間に五五万人の外国人が帰化してフランス人になっている[14]。

日本人が単一民族だという俗信はいまでも絶えず、日本人論や日本文化論に頻出している。しかしそれが妄想にすぎないことは歴史家の努力によってすでに明らかにされているので、ここで改めて検討する必要はないだろう[15]。日本人が単一民族だという言説が流布されるようになったのはそもそも戦後のことにすぎない。それ以前においては、多くの民族を吸収して日本人が成立したという認識が有力であったし、天皇家の祖先が朝鮮の氏族だと明言する国家主義者も戦前には少なくなかったのである[16]。

国民国家の特殊な形態として、ユダヤ人が建てたイスラエルという国家を考えてみよう。アメリカ合衆国・カナダ・オーストラリアのように、外部から移民が入植することでこの国は作られた。

新大陸に移住したヨーロッパ人がその母国から分離し、新たな同一性を獲得していった諸国の場合は、そのような経緯から多民族国家という表象が前面に出されている。またそれに対応して血縁は重要視されず、属地主義的国籍概念が採られている。

しかしイスラエルの場合は、世界中に離散したユダヤ人が本来の土地に帰ってくるという筋書きの下に国家建設がなされたために、移民国とはいえ、民族同一性は過去からずっと連続しているという了解がなされている。しかしそれは果たして事実を反映しているだろうか。

一九五〇年に制定された「帰還法」により、世界のすべてのユダヤ人はイスラエルに「帰る」ことが可能になった。ユダヤ人は母系血統であり、正統的定義によればユダヤ人の母親から出生した者のみがユダヤ人として認められる。したがって父親がユダヤ人でも、母親が非ユダヤ人の場合、その子供はユダヤ人ではない。しかし実際には、非ユダヤ人の母親から生まれた子供や、ユダヤ人の配偶者である非ユダヤ人にもこの法律が適用されている。

ロシアからは多くの人々がイスラエルに入植している。二〇世紀初頭からソ連崩壊までの期間にパレスチナに移住したロシア人はイスラエル入植者全体のおよそ三分の一を占め、ソ連崩壊後には五〇万人を上回る入植者数を記録した。入植後に知ったイスラエルの現実に失望し、多くのロシア人がパレスチナの地を去ったが、それにもかかわらず現在でも彼らはイスラエル人口の主な源流をなしている。ところが以下に示すように、このロシア出身者の中に実は多くの非ユダヤ人が含まれているのである。

一般にユダヤ人と非ユダヤ人との間の結婚は頻繁になされ、その率が最も低いモロッコ出身イスラエル人の場合でも男性四六％女性五一％という高い数字に達している。すなわちユダヤ人の二人に一人はユダヤ人以外と結婚している計算になる。国家イデオロギー上の理由から民族主義を抑圧するために住民の移住政策を強行に遂行したソ連の場合は特に、ユダヤ人以外との結婚が頻繁に行われている。一九八九年度の統計によると、ソ連に住むユダヤ人の数は一四〇万人(子供も老人もすべて含む)だったが、それ以外にユダヤ人と結婚した非ユダヤ人配偶者が八〇万人おり、これら二二〇万人すべての人々がイスラエルに「帰る」権利を持っている。

それ以外に、共産主義から逃れるために虚偽の申告をしてユダヤ人になりすました非ユダヤ人も多かった。虚偽の申告をしてイスラエルに入植した非ユダヤ人の割合はソ連からの全移民の少なく見積もっても一〇分の一、多めの試算によると三分の一に上るとみられている。

ソ連崩壊とともに大量移民が始まった一九九〇年代になって、イスラエルに住むキリスト教徒の数が急激に増えるという不思議な現象が起きた。その原因はキリスト教への改宗ではなく、入植してきたソ連の「ユダヤ人」の中に実は多くのキリスト教徒が混入していたからだった。イスラエルにおけるキリスト教徒の数は、一九八九年以前には自然な人口増加により毎年およそ二〇〇〇人ほどずつ増えていたが、一九九〇年以降にはその五倍に相当する一万人が毎年の増加数として記録されるようになる。そして一九九五年度には二万一〇〇〇人、すなわちソ連からの大量移民が始まる前に比べて一〇倍もの比率でキリスト教徒の増加をみた。

このように多くの非ユダヤ人がイスラエル在住ユダヤ人になっている。

血縁の連続性を疑問視する要素はこれらの事実だけに限らない。ユダヤ人であることを主張するファラシャという黒人集団がエチオピアにいるが、黒人という身体的差異、そして彼らの信仰内容が他のユダヤ人からみて奇妙なものだという理由から、一九八〇年代になるまでファラシャはラビによってユダヤ人と認めてもらえず、イスラエルへの入植が拒否されていた。しかし世界中に散らばるすべてのユダヤ人を受け入れる使命を自己に課すイスラエルにとっては、この人々の入植を認めるかどうかが非常に大切な意味を持っていた。結局、国民大半の反対を押し切って、一九八四年一一月から翌年初めにかけてイスラエル政府がファラシャを航空輸送するという強硬手段に出ることで、ついに黒人のイスラエル人が誕生したのだった(17)。

ユダヤ人というと血縁で堅く結ばれた民族の代表のように思われやすいが、以上検討したようにそれは神話にすぎない[18]。

フランス・ドイツ・イタリア・日本といった諸国は、初めから単一民族で構成されていたのでは決してない。反対に、内部での政治的統一が可能であったために、一つの民族という表象が後ほどできあがったにすぎない。イスラエルの場合も身体・文化・宗教・政治信条において実際には非常に異なる人々が集まっている。しかし神に選ばれた民だという虚構、そして歴史的に迫害を受け、敵対するアラブ諸国に現在も包囲され、外部が常に意識される状況に支えられて、単一民族という表象が継続している。ソ連やユーゴスラヴィアが内部崩壊したのも、多民族国家だったこと自体にではなく、多様な人口集団をまとめて一つの国民として表象できなかった点にその原因を求めなければならない。

アメリカ合衆国・カナダ・オーストラリアなどは多民族国家と呼ばれ、複数の民族が共存していると考えられている。それに対してフランス・ドイツ・イタリア・日本などは国民国家と呼ばれ、国民のほとんどが一つの民族を構成していると了解されている。しかし社会は必ず多彩な民族出自を持つ。構成要素を一つの範疇として捉えるか、あるいは複数の単位に分けて把握するかという点は異なっても、近代国家はどれも必ず複数の民族から成り立っている。

多民族国家と国民国家(単一民族国家)という二つの国家形態は、複数の民族が集まって国家を作ったのか、あるいはただ一つの民族からそのまま国家ができあがったのかという出発点に関して区別されるのではない。反対に、現在といういわば臨時の到達点からみた区別なのである。

血縁の意味

以上の事実からすでに、民族を血縁によって根拠づけることの困難が確認された。次には、より根本的な観点から血縁という概念自体について考えてみよう。血縁による連続とはそもそもいったい何を意味しているのか。

肉親が相互に覚える親近感は何に由来するのだろう。生物学的つながりから自然に生み出されて来るのだろうか。この問いに答えるために、生まれたばかりの二人の赤ん坊を産院で取り違えたと仮定してみよう。血液型や皮膚の色の違いなど誤りが明らかでない限り、二組の両親もまた二人の子供もその事実をまったく知らずに一生を終えるにちがいない。それぞれの子供は「養父」と「養母」の愛をたっぷりと受けて育ってゆくことだろう。

子供の生まれた土地が日本でなくパレスチナあるいはユーゴスラヴィアだとしよう。産院には様々な民族出身の妊婦がいっしょに子供の誕生を待っている。生まれた子供が何かの間違いですり替えられ、ユダヤ人の赤ん坊がパレスチナ人になり、セルビア人の子供がアルバニア人の家庭で育てられたと想像してみよう。子供の見かけからではこれらの取り違えに気づくことはない。子供の将来にどんな大きな変化が起きるだろうか。パレスチナ人として育てられたユダヤ人の子供はイスラエル軍に対して決死のテロ攻撃を行い、「祖国」の栄光のために滅びるかもしれない。またアルバニア人家庭に引き取られたセルビア人の少年は、民族紛争が勃発した際、殺す側ではなく殺される側に属する者としてセルビア人によってリンチにかけられ、若い命を落としてしまうかもわからない。

この簡単な思考実験からわかるように、同じ民族や肉親の間に生まれる共感や親しみは生物学的与件から生み出されるのではなく、共同生活の経験、過去に一緒に育った記憶、あるいは文化内に広まっている家族概念・規範などという社会的あるいはイデオロギー的要素に起因している。

鳥には「すり込み」という現象があるが、卵から孵化した後に雛鳥は、最初に見いだす動く対象を親だと思いこむ性質がある。通常は親鳥が身近にいるので問題が起きないが、いつもそうだとは限らず、最初に出会う対象が他の鳥だったり人間だったり、さらには点滅するランプだったりすると、それら偶然に見いだす運動体を親だと勘違いする。同様な現象はサルやネズミなどの哺乳類においても観察されている。小さいうちに親以外のサルあるいはネズミによって飼育されると、後になって成長したときに生みの親と育ての親との間に差を見いだせなくなる。このように、生みの親を嗅ぎ分ける「野生の嗅覚」は動物にも備わってないい。それ以上に鋭い感覚を人間が持っているとは到底考えられないだろう。

血縁という概念は本来、主観的なものであり、社会的に構成される虚構の産物にすぎない[19]。自分の親だと思っていた人が生みの親でないということを発見した時、確かに我々の多くは衝撃を受け、狼狽えることだろう。そして本当の親を求めて彷徨うようになるかもしれない。しかしこのような行動が自然に起きるからといって、その原因を生物学的要因に求めることはできない。ここで問題になっているのは「生みの親だと今まで思っていた人が実はそうでなかった」という認知である。そのことを知らなければ何の問題も起きてこない。また逆に、実際に生みの親であっても何らかの理由からそれを疑うような事態が発生した場合にはやはり同じような心の動揺が生じ、「本当の親」を捜す行動を取るようになるだろう。

第一、自ら腹を痛めて子供を生む母親と違い、父親の場合は本当に自分の精子が関与して生まれた存在かどうかはわからないはずだが、それでもちゃんとした確認をせずに思いこみで済ませている。しかし普通はそれで何の問題も起きない。

自らがどこからやってきたかを知り、記憶し、場合によっては捏造する欲望が前提されて初めて、血縁概念が我々の生活において意味を持つようになる。つまり血縁や民族は集団的記憶と密接な関わりを持っている。細胞分裂をしながら繁殖するバクテリアなどと異なり、ヒトは有性生殖を通して再生産するために、世代が替わる毎に必然的に血縁がどんどんと薄くならざるを得ない。

ほとんどの社会において近親相姦が禁止されているが、レヴィ＝ストロースの示すように近親相姦タブーは、血縁の近い女性を娶ることに対する禁止というよりも、娘を他の集団に与えることにより集団間のつながりを保持する機能を果たしている。言い換えるならば、結婚とは純血を守るどころか、そのまったく反対に、異質な二つの血統を混入させ、常に外部を内部に浸透させる制度なのだ[20]。

ある個人が民族集団に属するとみなされるかどうかは、その民族集団が父系か母系かでも異なる。例えば母系列で血縁をたどるユダヤ人の場合、父親が非ユダヤ人であっても子供は血縁が連続しているとみなされる。ここで血統が連続しているかのような錯覚を及ぼすのは、母方の系列だけに注目するからであり、もう一方の系統である父方に目を向けさえするならば、世代が進むにつれて結婚によって血統がずたずたに切り裂かれている事実が容易に看取されよう。血縁とは社会的記憶装置が作り出す虚構なのだ。

血縁が実際に連続しているかどうかが同一性の維持に無関係であることは、日本の家族制度に明白に現れている。「先祖代々の家」という表現がなされるように、また二人の個人の結びつきとしてだけでなく二つの家の融合として婚姻が意味づけられているように、日本では今日でも家の連続性が強調されている。特に能・狂言などの伝統芸能の世界では一般に世襲制がとられ、シテの家の者でなければシテの役は演じられないし、ワキの家に生まれた者はワキの役を務めるよう定められている。しかし他方、家の存続に対する執拗なこだわりをよそに養子縁組は頻繁に行われている(21)。

また、厳格な父系血統主義にもとづいた中国や朝鮮の場合とまったく異なって、日本では結婚に際して名字が簡単に変更されてしまう。中国や朝鮮における家は具体的な個人の集団を意味し、同じ姓を持つ二人の個人は父系でたどった時に共通の人物を祖先に持つという構図で理解されている。したがって同姓の男女が婚姻を結ぶことは近親結婚に相当するため社会的に禁止されている。また女性は結婚しても元の姓を失わず、家の姓すなわち父の姓を名乗り続ける(22)。

このように中国・朝鮮では血縁虚構が前面に押し出されているが、それとは対照的に日本の家制度は一種の形式的機構の性格を帯びている。日本の家は個人の集合としてではなく、個人を媒体としながらもそれら具体的な構成員を超越する存在として機能している。日本の家族制度においては血統の連続性は事実上重視されていない。それにもかかわらず、家という虚構は重要な意味を担わされている。しかし以下に説明するように、これは矛盾でも何でもない。血統を重視する世界観と同時に、養子縁組や名字の変更という、血統連続性の根拠を公然と破り捨てる行為が共存するのは偽善や欺瞞のせいではない。先祖共有という表象が強く維持されるという事実と、実際に血縁が連続しているかどうかという問題はそれぞれ別の次元に属している。

その点を理解するために中世ヨーロッパに目を移してみよう。王国・キリスト教会・職業組織・大学などの集団がどのようにして永続的な存在として捉えられるようになったかを、歴史家エルンスト・カントーロヴィッツは詳細に分析している。構成員が入れ替わるにもかかわらず共同体自体は永続するという考えが、中世の神学者や法学者によって次第に形成されていった。ある一時点を取ってみると共同体は多様な構成員からなっている。また時系列的にみても、共同体を構成する人間は時間が経過するにしたがって新しい世代によって置換されてゆく。しかしそのような水平的多様性も、また垂直的多様性も次第に忘れ去られてゆくことで、共同体が連続しているという感覚が保たれる。

そしてその際に中心的役割を果たしたのは、各共同体が本質的に持つとされる目的や使命という観念だった。固有の目的・使命が共同体に恒常的に付与されることにより、共同体がその構成員を超越して存在するという理解ができあがる。そして、ある歴史時点において共同体に属する現実の構成員は共同体の目的を成就するための単なる手段として現れるという逆立ちした構図が作られていった。さらにはこの論理の帰結として国王さえもが、王国を代表する物質的媒体の地位に貶められるようになる。現実の国王の身体は滅びようとも、本質としての国王は永遠に不滅だという世界観がこうして成立する(23)。

丸山眞男が指摘するように、戦前において天皇は、ヨーロッパ絶対君主のように秩序を作為する自由な政治的主体として表象されるのではなく(24)、万世一系の皇統を承け、皇祖皇宗の遺訓によって統治する継承者として現れた。そして、国体の源泉・根拠としての天皇に依拠する形で成立する共同体は、現に統治している天皇個人を超越して過去からずっととぎれることなく連続している、という同一性虚構が機能した(25)。

この論理がさらにもう一歩進むと、各歴代天皇は、「天皇霊」なる未来永劫に存続する唯一の本質が宿るための単なる質料にすぎないという折口信夫の理論が現れてくる。天皇霊は生まれたときから天皇に備わっているのではなく、大嘗祭の呪術的儀式を通して天皇の身体に付着する外来魂だと解釈された。折口理論において、天皇制は万世一系としてではなく、万世一帝として把握されており、天皇の正統性は、天皇家の血縁連続性にではなく、天皇霊の一貫性・不変性に求められている(26)。

統治者の正統性を根拠づけるために、ヨーロッパと日本という文化基盤を異にした地域で同様な論理が発展させられた事実は興味深い。存続が図られなければならないのは制度自体であり、そこに属する各個人は、制度を支える物質的媒体として二次的存在になるという転倒した表象が作り上げられる。

むろん、家が血縁関係の虚構である限りにおいて、外部から候補者を迎える際には何らかの統制が行われる。しかし制度としての家がその構成員自体から超越した存在として表象されることによって、共同体に属する現実の構成員が誰であるかは集合意識の背景に追いやられ、外部要素を家の構成員として迎え入れることが可能になる。家の血統存続を目的に、養子縁組によって外部要素を導入するという論理矛盾した現象は、こうして虚構装置の自己維持運動として理解される。

いかなる文化環境であろうとも、婚姻制度は外部を内部化する装置であり、したがって血縁という概念は必ず、社会的に捏造された虚構に支えられている。血縁を意味あるものとして現象せしめるためのイデオロギー的仕掛けは王権神授説・純粋人種・血統など様々だ。しかし個人という部分を集めたときに、個人の単なる集合ではなく、集団すなわち一つの有機的全体存在として表象されるためには論理的飛躍を必ず要請し、その飛躍は何らかの社会的虚構で埋める他ない(27)。

常に変化する文化

では、文化の連続性を根拠にして民族同一性を定立する第三の試みは可能だろうか。日本文化に固有な構造ないしは内容が歴史を貫いて存在するのだろうか。

日本思想から外来要素を排除して純粋な土着思想を求めようとする動きは過去に何度も起きている。ところで純粋という表現が意味をなすためには、日本文化に固有な本質のようなものが存在しなければならない。しかし丸山眞男が指摘するように、このような純化の努力はタマネギの皮をむく作業と同様に空しい試みであり、外来要素を取り払った後には日本固有の要素などは何も残らない(28)。

日本語の文字ももとは中国の文字を借用したものであるし、日本文化の象徴のようにいわれる京都や奈良の建築物も基本的には中国や朝鮮の様式を模倣している。仏教はゴータマ・シッダールタが始めた異教だが、それが今では日本人の心の安らぎのもとになっている。むろん、このような異文化受容は日本社会に限られた現象ではない。ヨーロッパと南北アメリカの諸文化を特徴づける最も重大な要素の一つとしてキリスト教がしばしば挙げられるが、これも中東の地でユダヤ人イエスが広めた異教だった。

生まれた子供は社会の規範や価値を学んで社会化するのだから、ある意味では文化の再生産が行われるに違いない。しかしまったく同じ内容が再生産されるわけではない。前の世代に比べてどんどんずれて変遷してゆくのであり、古代からずっと同じ形で続いている文化要素はまず見つからない。民族の魂のようにしばしばいわれる言語でも、文法・語彙・表記法などがどんどん変化している。それにそもそも文化内容が変遷するからこそ世代間の葛藤も生ずるのではないか。

国語が人工的に発展させられる事実は、日本における標準語化政策やトルコ語のラテン文字採用などをみてもすぐにわかる。フランス人が誇りにし、フランス文化同一性の源泉としてよく挙げられるフランス語も、フランス領土ほぼ全体で話されるようになるには第一次大戦の時期まで待たねばならなかった。フランス革命が起きた一八世紀末にはフランス人の半分ほどしかフランス語を使用しておらず、またフランス語が話される場合でも、多くの人は現代フランス語とかなりかけ離れた表現を用いていた(29)。第一次大戦が勃発する一九一四年の時点にいたっても、フランス語以外にドイツ語・アルザス語・ブルトン語・バスク語・オック語・カタロニア語・コルシカ語という七つの言語がフランス各地で根強く話されていた。ちなみに現在のような形でフランス語が標準語として定着するにあたっては、第三共和制の下での義務教育の普及が大いに貢献した。

国語が人工的に発展させられる極端な例は、イスラエルでアラブ語と共に公用語に指定されているヘブライ語にみることができる。イスラエル建国の中心的役割を果たしたのは東欧出身のユダヤ人だが、彼らはとうの昔にヘブライ語を完全に放棄し、日常生活をイーディッシュ語でまかなっていた。一九世紀になってから、聖書が記された古代ヘブライ語を基に、近代ヘブライ語が再構成されたが、一般のユダヤ人の言語としては通用しなかった。すでに第1章で述べたように、イスラエル建国時には国民の九〇％がイーディッシュ語を母語としていた。イスラエルの公用語は英語かイーディッシュ語になるという予測が立てられていたほどであり、まさかヘブライ語を皆が話すようになるとは信じられていなかった。しかし建国後、非常に短期間でこの半人工語がイスラエルの公式言語の一つとして採用されるに至ったのである(30)。

文化は必ず変遷する。太古から続く伝統などというものは、たいていが後の時代になって脚色された虚構にすぎない。

例えばスコットランド文化の象徴にまでなっているキルトも、実はランカシャーに住むイングランド人実業家によって一八世紀に入ってから発明されている。それどころか、「スコットランド人」という民族自体が近代になるまでそもそも存在していなかった。スコットランド高地に現在住む人々の祖先はアイルランドから流れてきたことが知られているが、一七世紀末までは高地の人々にとって、スコットランド低地のサクソン人などとの関係よりもアイルランド人との交流の方が緊密だった。それは当時、陸上交通よりも海上交通の方が容易だった事実からして当然だろう。

キルトが導入されたのは、スコットランド高地がイングランドに併合された一七〇七年から二〇年ほど経過した頃のことだが、下層庶民には歓迎されたものの、中流以上の社会層にはなかなか浸透しなかった。一七四五年のスコットランド反乱をきっかけに、イングランド政府はスコットランド人同化政策の一環としてキルト着用を禁止し、それ以降急速に、キルトを身につける習慣は衰退していった。しかし一七八〇年頃になって着用禁止が解けた際には不思議なことに、下層民の下品な衣服としてそれまで蔑視されていたキルトが上・中流階級に好意的に受け入れられるという意識の変遷をみた。結局、スコットランド人の衣服としてキルトが定着するのは一八世紀後半以降にすぎない。

キルトだけに限らず、だいたいその頃から一九世紀前半にかけてスコットランドの「伝統文化」が発明されたらしい。まず第一段階としてアイルランド本国との断絶が図られ、本当はアイルランド起源の文化要素であってもスコットランド高地に昔からあったという物語が作り出される。このような歴史改竄により、いわば本家と分家との逆転がおこり、スコットランド高地の文化がアイルランド文化に似ているのは、前者から後者に文化が伝播したからだという筋書きができあがる。次の段階では、キルトの例にみるように新たに作りだされた文化要素があたかも古代から存在していたかのように事実の歪曲がなされる。そして最後の第三段階として、スコットランド低地に住むサクソン人・ピクト人・ノルマン人などによって「スコットランド伝統文化」が受容される時点でついに、スコットランド全体の伝統という虚構の完成をみるにいたる(31)。

「忘却、そしてさらに言えば歴史的誤謬が国民形成のための本質的要因をなしている。したがって歴史研究の発展は国民にとって危険な試みなのである」という有名な章句をエルネスト・ルナンは残しているが、実際に生じた変化、そして構成員の多様性が忘却されるおかげで、民族同一性という錯覚が可能になっている(32)。

民族や文化を実体的に捉える発想をしりぞけ、また血縁を根拠として民族の連続性を措定する議論をこれまで批判してきた。しかしそれでも民族が同一性を保っているという感覚を拭うことは難しい。それは何故なのだろうか。

心理現象としての同一性

次のような情景を思い浮かべてみよう。平和な漁村で漁師が生活をしている。彼は木の舟を漕ぎ毎朝沖に出て何がしかの魚を捕ってくる。ところが木の舟なのでだんだん傷んでくる。腐ってくるところもあるだろうし、たまには岩にぶつけることもあるだろう。したがって部分的修復が必要になり、ときどき新しい木材で修理しなければならない。漁師はだんだん年をくいそのうちに引退する時期が来る。そして息子に今日からお前が舟を漕ぐんだと言って自分の舟を引き継がせる。息子も同じように毎日漁に出る。舟はどんどん悪くなるので、それにつれてまた修復されていく。そして孫の代になる……。木の舟は修理の度に部品がどんどん替わってゆくから、ある時点まで来るとすべての部分が交換され、初めの材料は何もなくなってしまう。そこで疑問がおこる。いったいこの船はおじいさんの舟と同じものなのか。毎日使ってきた舟だから同じ舟に決まっているような気がする。しかし材料という観点に立つと、孫の舟にはおじいさんの舟の材料はまったく残っていないのも事実だ。それでも同じ舟と言えるのだろうか。

古代ギリシャから繰り返し論じられてきた「テセウスの舟」の神話を脚色してみたが、集団が同一性を維持する仕組みをこの状況を手がかりにして考えてみよう。材料が替わっても同じ舟だとどうして言えるのかという問いに対しては、アリストテレスが提示した解決がある。すなわち、舟を構成する木材という質料は変化しても、この舟をこの舟たらしめている設計図に相当する形相は維持されている。したがって、すべての部品が交換された舟も、本質的には同じ舟と見做してよいというものである。

しかし次の状況を考えると話はそれほど簡単でないことに気づく。目の前で瞬時に舟全体を破壊してみよう。そして前の舟とまったく同じ構造になるように設計図にしたがって舟を新しい材料で建造したらどうだろうか。おじいさんの大切な舟を壊されて驚く孫に対して、「ほら、おじいさんの舟を新しくしてやったよ」とでも言ってみよう。「こんなものおじいさんの舟じゃない。複製にすぎない」と言って、孫は憤慨するにちがいない。しかし一〇〇年かかって徐々に材料を替えていこうが一瞬で替えてしまおうが、すべての材料が新しくなったことには違いがないのだから、どちらの場合も論理的にはかわりない。しかし心理的にはまったく異なった感じを持たざるを得ない。すべての部品が交換されてしまっても、それに必要な期間が十分長いときには同じ舟であるかのような感覚が自然に生まれてくる。

我々が抱く同一性の感覚がすぐれて心理的な現象だという点をより明確にするために、ホッブズに倣ってもう少し状況を複雑にしてみよう(33)。舟板が傷むにつれて新しい材料と取り替えてゆく際に、古くなった材料を捨ててしまうのではなく保存しておく。そして舟の初めの材料がすべて新しいものと交換された後で、保存してあった元の材料を使ってもう一度設計図通りに組み立ててみよう。そうすると結局、初めの舟A、新しい材料で徐々に修復した舟B、そして元の材料を使用して再度組み立てた舟Cという三つの舟を概念上考えることができる。古い材料をその都度捨ててしまい、舟Cが出現する可能性がなければ、舟Aと舟Bとの間に連続性があることは自然な感情として納得できる。しかし、残っていた古い材料を組み立てて舟Cが出現した瞬間に我々の確信は揺がざるを得ない。古びて傷んだ舟Cを目の当たりにするや否や、それまで舟Aと同一視されていた舟Bが途端に複製の位に格下げされるとともに、傷つきボロボロになった舟Cが実はおじいさんの本当の船だったのだという感慨を禁じ得ないだろう。そして同時に、例えば古い板材に残された落書きを見つけるにつけ、おじいさんといっしょに過ごした楽しい日々の思い出が現実感をもって再び蘇ってくる。

これでわかるように、形相の連続性を根拠にして同一性の保証はできない。それ以外の何かが必要になる。しかしその何かは舟自体には存在していない。ではどこか。同一性の根拠は、問題になっている対象の外部に実は隠されている。

今、目の前に一つの塊があると想像してみよう。この塊のどの部分も時間の経過を通してまったく変化せず、同じ状態を維持するならば、この塊が同一性を保っていると考えることができる。では次にこの塊から極少量の部分を削り取るか、あるいは他の材料を微少な量だけ加えたとしよう。この場合には厳密に言えば、塊全体の同一性は破棄されている。しかし実際にはこのように厳密に考えることはまずあり得ず、変化が非常に小さければ、同一性が維持されていると我々はふつう認識する。もし人間の感覚に認知されない程度の個々の変化が徐々に生じるならば、時間が経過して変化の総量がかなりの程度に達しても、同一性が中断された事実に我々は気づかない(34)。

言い換えるならば、対象の異なった状態が観察者によって不断に同一化されることで生ずる表象が同一性の感覚を生み出すのであり、時間の経過を超越して継続する本質が存在するために、対象の自己同一性が保証されるのではない。対象の不変を信じる外部の観察者の存在が、対象の同一性という現象を構成する。同一性の根拠は、対象の内在的状態にではなく、同一化という運動が生ぜしめる社会・心理現象に求めなければならない(35)。

構成部品が間断なく入れ替わる舟と同様に、民族集団もその構成員が不断に交代する。日本では毎年およそ九〇万人が死亡し、一二〇万人ほどの赤ん坊が生まれている。一〇〇年を待たずして構成員のほとんどが入れ替わり、それから少し経てば「日本人」の構成要素の総入れ替えが完了する。それにもかかわらず民族集団がその同一性を保っているという感覚を我々が持つのは、構成員が一度にすべて交換されるのでなく、ほんの一部ずつ連続的に置換されてゆくからだ。日本において毎日交換される構成員の割合は総人口の〇・〇〇二%ほどにすぎず、残りの圧倒的多数は維持されている。一つの状態から他の状態への移行が断続感なく滑らかに行われるおかげで、日本人と呼ばれる同一性の感覚が保たれる。

特にヒトの場合は他の動物と異なり、生殖活動期間が季節の限定を受けないので、集団の更新時期が特定化されず、したがって変遷が切れ目なく連続的になされるという事情も、民族集団の同一性錯視を容易にしている。

ある対象が同一性を維持しているという感覚を生み出す条件の一つとして、対象の各部分が相互依存の状態にあり、それらが共通の目的に向かって有機的に結合されているという事態をヒュームは指摘する。度重なる修理のために著しい変化が生じているにもかかわらず、舟が同一性を保っているという感覚が消えないのは、舟の各部分が同じ目的のために存在し続けているという了解に助けられている。部分と全体との間に必然的な関係が想像される際には、あたかも構成部分から遊離して全体が存在しているかのような錯覚が生まれ、材料が入れ替わっても舟自体の同一性感覚が維持されやすい。

レンガ作りの教会が長い年月を経て荒廃した。信者たちは力を合わせて教会を復旧するが、その際にはレンガではなく他の材料、例えば石材を使い、建築様式も近代的にしたとしよう。先ほどの舟の場合とは違い、この例においては材料だけでなく外形に関しても以前の教会と断絶が起きている。しかしこれら新旧二つの教会に対して信者たちが同じ目的を見いだすために、二つの異なった対象が同一化され、教会の自己同一性が維持される[36]。新しい教会が建設された際にはすでに古い教会が消滅していることも、同一性の感覚を強化するのに役立っている。国家・民族・大学・法人といった共同体が成立・維持される背景には、同一性を生成するこのからくりが隠されているのである。

構成員の均質性という意味での民族同一性が、範疇化による錯覚に由来することを示した前章に続き、時間を超えて保たれる自己同一性は、不断の同一化を通して人間が作り出す虚構の物語であることを確認し、共同体自体に同一性の根拠が内在するとみなす立場を批判した。

その過程で、変化と同一性とを両立させる可能性として次の二つを検討した。第一の考え方では、時間とともに刻々と変化する見かけ上の現象とは別に、変化を受けないで自己同一性を保つ形相あるいは常在不変の実体を措定する。対して第二の考え方では、そのような不変の形相や実体の存在を否定し、変化を受けた万物は自己同一性を実際には保っていないとする。後者の立場においては、自己同一性は対象自体に内在する性質ではなくて、外部の観察者による不断の同一化を通して生ずる錯視の産物にすぎない。換言すれば、変化と同一性は論理的には両立し得ないが、連続的に生ずる変化に観察者が気づかないために、同一性が維持されているような錯覚が生まれる。さらには後になって当該の対象の経時的推移に思いをはせる時、変化と同一性が同時に認められるために、あたかも変化を超越した実体が存在するかのごとき感覚の虜になるのである。

第二の立場に本書が立脚しているのはすでに明らかだが、もう少し敷衍しておくと、第一の考え方では、本質としての同一性と、偶有性としての変化とを対象自体の性質として同時に認め、対象一項の内部で完結した性質として捉える。それに対して本書の立場においては対象だけに注目するのではなく、主観と客体との関係の中に同一性と変化とを両立させている。その意味では、同一性と変化が二項関係という拡大された認知環境に移行されていると、さしあたっては言えるだろう。

しかしここで言う主観とは、客体から切り離された精神でもなければ、また他者から独立した個人的主体でもなく、間主観性として捉えられなければならない。したがって結局、同一性と変化は対象・主観・他者が織りなす三項関係が生み出す現象あるいは出来事として理解される。さらに言えば、社会を構成するこれら三項自体も循環的な回路を巡って相互に作用し、不断に変化しながら生成される一時的な沈殿物であり、固定された定点として捉えることはできない。

万物は流転する。絶え間なく変化する対象や主体の同一性はモノとしてではなくコトとして把握しなければならない。集団同一性は、共同体の各成員によって各瞬間ごとに構成・再構成されている。集団同一性を実体化してしまうから、実体の変化などという表現自体が形容矛盾に陥ったような状況の前で右往左往してしまうのだ。我々は発想の根本的な転換をしなければならない。世界は同一性や連続性によって支えられているのではない。反対に、断続的な現象群の絶え間ない生成・消滅が世界を満たしている。

虚構の物語を無意識に作成し、断続的現象群を常に同一化する運動がなければ、連続的な様相が我々の前に現れることはあり得ない。民族の記憶や文化と呼ばれる表象群は常に変遷し、一瞬たりとも同一性を保っていない。したがって、結局のところ我々が問題にすべきは集団的同一性がどのようにして変化するかではなく、虚構の物語として集団同一性が各瞬間ごとに構成・再構成されるプロセスの解明が必要になる(37)。次章では対象・主観・他者という三項が織りなす密接な関係を分析する中から、なぜ虚構の物語が現実の力を生み出すのかを探ってゆこう。

註

（1）本書において、同一性という堅苦しい表現を使い、アイデンティティという耳慣れた表現を避けているのは、後者を使うと、主体（ノエシス）が自己について持つ帰属内容・表象（ノエマ）という意味に理解されやすいからである。アイデンティティという西洋語は本来、同一性を意味するのだが、エリック・エリクソン（例えば E. H. Erikson, *Identity and the Life Cycle*, New York, International Universities Press, 1959）がこの概念を心理学に導入し、それが一般の言葉として社会に浸透して以来、主体や対象がそれ自身と同一であるとはどういうことなのかという昔から哲学で議論されてきた重要な問題が忘れられ、単なる自己イメージの同意語として理解されるようになってしまった。集団的同一性を考える際に本書が問題にするのは、自分自身を日本人として捉えるか中国人として捉えるかというような帰属内容ではなくて、日本人とか中国人あるいは日本や中国とかいう対象はそもそも実在するのか、また存在するとしたらどういう意味で存在すると理解すべきなのかという点にある。言い換えるならば、集団現象はどこにあるのか、個人の頭の中にあるのか、集団というモノがあるのかという存在論が問題になっている。

（2）J.-J. Rousseau, *Economie morale et politique*, *Encyclopédie*, t.V, 1755, “la métaphore”, p. 338, cité par J. Schlanger, *Les Métaphores de l'organisme*, Paris, L'Harmattan, 1995, p. 134–135.

（3）*Ibid.*

（4）二〇世紀前半に世界を席巻した全体主義については第5章で取り上げる。

（5）E. Durkheim, *Les Règles de la méthode sociologique*, Paris, PUF (1e édition, 1937), 1981, p. 103.

（6）E. Durkheim, *Le Suicide*, Paris, PUF (1e édition, 1930), 1993, p. 348.

（7）E. Durkheim, “Préface” de la seconde édition, in *Les Règles de la méthode sociologique*, *op. cit.*, p. XI. また同様に *Le Suicide*, *op. cit.*, p. 361–362 も参照。

（8）G. Simmel, “Comment les formes sociales se maintiennent”, in *Sociologie et épistémologie*, Paris, PUF, 1981, p. 174. 個人と集団との違いを強調するデュルケムとは対照的に、ジンメルの立場は個人主義的だと評価されやすい。その解釈の是非はここでは問わないが、集団を実在視するかどうかという存在論的次元に関しては両者の立場は相違していない。

(9) 生命に関してなされた考察において木村敏は集団の主体性に言及している。

サンゴやシャム双生児の場合には全体が物理的にもつながっているけれども、渡り鳥の場合には目に見える物理的な結合部分は存在しない。しかし、可視的で空間的な物質的結合がなければ単一の生命体を形成しないと考える根拠は、いったいどこにあるのか。(……)地球上のあちこちに、ときどきバッタの異常なまでの巨大集団が発生することがある。そのような集団を形成するバッタは、同一種でも普段とは完全に違った身体的特徴をおびている。一匹々々で生活しているバッタ(孤独相)と大群をなしているバッタ(群衆相)とで身体構造が変わるのは恐らくホルモンのせいらしいが、一体なにがホルモンを分泌させて生体の物質的構造を変えるのか。群生しているといっても、可視的な結合ができるわけではない。一匹々々のバッタは空間的に分離している。それでもやはりその集団は、各個体の物質的構造を変化させるまでに強力な主体性によって支配された単一の生命体だと言ってはいけないだろうか。(『生命のかたち/かたちの生命』[青土社、一九九五年]、四六—四七頁)

しかし、「渡り鳥の群の場合、全体をひとつの主体と見るか個々の鳥をそれぞれに主体と見るかの視点の移動ということが問題になるだろう。(……)群れの全体のまとまりに注目しているあいだは、われわれは群れの全体と相互主体的な関係に立ち、群れの全体がひとまとまりの生きもののように見えてくる。そのうちの一羽の鳥に目を向ければ、われわれは今度はその一羽の鳥と相互主体的に関わることになり、その鳥が個別的な生きものとして見えてくる」(同書三一—三二頁)と木村自身が述べているように、それは認識論的次元の話であり、集団自体を自律的な生命と捉えるのは飛躍である。生物は皆、生態系において機能的に連続している。だからといって、そのような相互作用の故に集団を一個の生命体だというのは不適当かつ無意味である。

また生物は過去と物質的に連続しているが、そのことをもって、ただ一つの生命が存在すると考えるのは誤っている。そのような発想をすると、次のような不条理にいきつく。父親の精子が母親の卵子と結びついて発生した胎児が成長することを通して人間は再生産される。私を構成した最初の細胞は両親の物質からできあがっている。すなわち私は両親の肉体の一部だ。今日私が生きているのは当然ながら、両親だけでなく、彼らの両親、そしてそのまた両親というように、現在の私に到達する血統に属する先祖の誰もが、子供を残す前に死亡しなかったからに他ならない。そのうち一人でも生殖年齢に達する前に死亡していたら、この私はありえない。そういう意味では我々の誰もが必然的に「万世一系」である。

私は一つの受精卵が細胞分裂して生成した存在だから、現在の私を構成する細胞はどれも初めの受精卵との物質的連続性をもっている。そして私が発生してきた受精卵は両親の肉体の一部である。このアルゴリズムを繰り返していった時、アダムとイヴという一組の男女に行き着くのか、複数の人間集団に行き着くのかという点は別にしても、どちらにせよ最初の人類に行き着くだろう。したがって我々人類はすべて同じ起源に物質的に連なっていることになる。

　しかしここでもアルゴリズムが終了するわけではまったくない。人類はサルから進化してきた。そしてサルも他の哺乳類から進化している。突然変異という質的変化はあっても、物質的連続性が絶たれているわけでは当然なく、先のアルゴリズムは人類を越えて貫通される。したがって、より原始的な動物を経て、細菌も越え、最終的には「原形質」のようなところにまで私は物質的に連続している。言いかえるならば、過去・現在・未来のすべての人類だけでなく、すべての動物、そして植物、すべての生きとし生けるものが物質的な連続性で結ばれている。

　さらには現在の生物学の知見によると、生命がデオキシリボ核酸（DNA）というある物理・化学的特性を持つ単なる物質に還元される以上、究極のところ、私と世界を物質的に隔離する境界は生物界でさえもなくなってしまう。単なる無生命物質とも私は結ばれている。それにまた、生殖以外による物質連続性を考えることもできる。私という細胞群が死んで大地に帰り（それでも物質であることには変わりない）、それが植物・動物など生態系の循環を経て、他の人間の構成物質の一部になってしまう。このように、私は世界と切れ目なくつながっている。私は世界であり、世界が私であるという奇妙でかつ不毛な結論に帰結してしまうのである。

（10）M. Weber, *Wirtschaft und Gesellschaft*, Tübingen, Mohr, 1956 (tr. fr. *Economie et société*, Paris, Plon, vol. 2, 1995, p. 137). 邦訳、シリーズ『経済と社会』（創文社、一九六〇―七六年）に収載。

（11）D. Frémy & M. Frémy, *Quid*, Paris, Robert Laffont, 1995, p. 647.

（12）このことはフランス社会に人種差別がないという意味ではない。しかしそれは、アメリカ合衆国で黒人が差別されるからといって彼らを外国人だと考える者はまずいないという事情と変わりない。差別とは別に国民概念の問題としてみた時、日本で生まれ日本語しか話せないにもかかわらず、朝鮮人が外国人として生きている日本の状況に対し、フランスにおける国籍の捉え方は非常に異なっている。

（13）E. J. Hobsbawm, *Nations and Nationalism since 1780. Programme, Myth, Reality*, Cambridge, Cambridge University Press, 1990 (tr. fr. *Nations et nationalisme depuis 1780*, Paris, Gallimard, 1992, p. 62).

（14）*Le Monde*, 10/11/2000, p. 19; *Le Monde*, 18/11/2000, p. 8.

（15）例えば網野善彦『日本社会の歴史』（上）（岩波新書、一九九七年）。

（16）小熊英二『単一民族神話の起源』（新曜社、一九九五年）。

（17）イスラエルの人口構成に関しては、Y. Courbage, "Qui sont les peuples d'Israël?", in *Israël. De Moïse aux accords d'Oslo*, Paris,

Seuil, 1988, p. 487–495 に負っている。

(18) それ以外に、アシュケナジム(東欧系)およびセファルディム(北アフリカ系)という離散ユダヤ人も、実はパレスチナから追い出された人々の末裔ではなく、各地でユダヤ教に改宗した人々の子孫である可能性が強い。しかしこれが事実となると、イスラエルによって追放されたパレスチナ人の帰還を拒否し続けながら、ユダヤ人に対してはイスラエル外で生まれ育った人々にも「帰還」を認める政策が根本から揺るがされるため、このテーマを研究することはヨーロッパ歴史学界ではタブーになっている。M. Ferro, *Les Tabous de l'Histoire*, Paris, Nil éditions, 2002, p. 115–135 がこの問題を扱っている。

(19) そもそも血縁という表現自体、不適当だと言わねばならない。血液型が同じならば、アフリカ人と日本人の間でも輸血は可能だが、血液型が異なれば、親子の間でも輸血できない。母親がA型、父親がB型、そして彼らの間に生まれる子供のうち兄はA型、弟はB型だとしよう。父親と兄との間の輸血はできないし、母親と弟の間でもやはり輸血はできない。兄弟姉妹の間で骨髄移植が不可能でも、まったくの赤の他人からなら骨髄移植ができることがある。それなら輸血や骨髄移植の不可能な親兄弟の間には血縁はないのか。単に屁理屈を捏ねているのではない。第1章で確認したように、二人の個人の近親性に言及するためには必ず何らかの基準を恣意的に選択しなければならない。まったく客観的な観点から言えば、身体的要素に関して親子が似かよっているとは一概に言えないのである。

(20) C. Lévi-Strauss, *Les Structures élémentaires de la parenté* (2e éd.), Paris/La Haye, Mouton, 1967. 邦訳、レヴィ＝ストロース、福井和美訳『親族の基本構造』(青弓社、二〇〇〇年)。

(21) 「特別養子」と呼ばれる、孤児を養子にする場合が年間一〇〇〇件程度に留まるのに対し、契約的性格を強く持った擬制としての「普通養子」の方は年間八万から九万件にも上っている。後者の場合、養子縁組契約期間中はもとより契約破棄・終了後も、親戚関係に一度入った男女間の婚姻は認められていない(民法第七三六条)など、擬制としての親子関係を補強する手段が設けられている。大村敦志『家族法』(有斐閣、一九九九年)一八七―一九八頁。

(22) 渡辺浩『近世日本社会と宋学』(東京大学出版会、一九八五年)一一六―一六〇頁。

(23) E. Kantorowicz, *The King's Two Bodies. A Study in Mediaeval Political Theology*, Princeton, Princeton University Press, 1957. 特に第6章。邦訳、カントーロヴィチ、小林公訳『王の二つの身体――中世政治神学研究』(平凡社、一九九二年)。

(24) 自由な政治主体として表象されるのであって、自由な政治主体の正当性あるいは根拠が西洋近代によって確立されたのではない。第3章および第5章を参照。

(25) 丸山眞男「超国家主義の論理と心理」『増補版 現代政治の思想と行動』(未来社、一九六四年)。

(26) 『折口信夫全集』二(中央公論社、一九五四年)。折口信夫説の分析に関しては、津田博幸「天皇がまとう魂」『別冊宝島九四 もっと知りたいあなたのための天皇制・入門』　三二―一五一頁を参考にした。

(27) この問題は第5章でさらに検討する。

(28) 丸山眞男「原型・古層・執拗低音」加藤周一・木下順二・丸山眞男・武田清子『日本文化のかくれた形』(岩波書店、一九八四年) 所収、八七―一五二頁。

(29) *Atlas de la langue française*, Paris, Bordas, 1995, p. 22.

(30) 国語の発展過程には人工的要因が必ず含まれている。言文一致という表現があるが、それは一般に理解されているように、話し言葉を書くことを意味するのではない。柄谷行人が説くように、我々が現在使用する話し言葉と書き言葉とがよく似ているのは、その反対に、書かれた文章を話すようになったためである。イタリア語・フランス語・ドイツ語で著されたダンテ・デカルト・ルターなどの書物がいまでも読めるのは、これらの言語がそれほど変化しなかったからでなく、逆に、彼らの作品が各国語を形成したからに他ならない。柄谷行人「文字論」『〈戦前〉の思考』(文芸春秋、一九九四年) 一二三―一五六頁を参照。

(31) H. Trevor-Roper, "The Invention of Tradition: The Highland Tradition of Scotland", *in* E. Hobsbawm & T. Ranger (Eds.), *The Invention of Tradition*, Cambridge, Cambridge University Press, 1996, p. 15–41. 邦訳、ホブズボウム、レンジャー編、前川啓治・梶原景昭他訳『創られた伝統』(紀伊國屋書店、一九九二年)。

(32) E. Renan, "Qu'est-ce qu'une nation ?", in *Discours et conférences*, Paris, Pocket, 1992 (1e édition, 1887), p. 41.

(33) T. Hobbes, "Of Identity and Difference" (ch. 11), *De corpore* in *The English Works of Thomas Hobbes*, t. I, edited by Sir W. Molesworth, Hohn Bohn, 1839, p. 136 (*L'Identité*, textes choisis et présentés par S. Ferret, Paris, GF-Flammarion, 1998, p. 113–114 に依拠).

(34) D. Hume, *A Treatise of Human Nature*, Edited with an Introduction by E. C. Mossner, Harmondsworth, Penguin Classics (1st ed. 1739–40), 1969, p. 238–268 (Book 1, Part 4, Sec. 2: "Of scepticism with regard to the senses") & p. 299–311 (Sec. 6: "Of personal identity"). 特に p. 303–304 を参照。本書で言及する「観察者」あるいは「行為者」とは個人を意味するのではなく、社会的相互作用を通して構成される間主観性のことである。したがって、対象の自己同一性錯視を成立させる機能あるいは場としての観察主体の自己同一性は必要とされない。後述を参照。

(35) 離任症の患者は時間の連続性を正常に感じとることができない。どんどん休みなく流れてゆくものとして我々は時間を認識しているが、離任症の患者にとっては「今」という瞬間がバラバラにやってくるだけで、それらの間に自然な連続性を見いだすことができない。瞬きをする前後で視界が遮られるように、客観的に見れば、我々は外界からの情報を断続的に受容している。そうした断続的な情報をバラバラな「今」という刹那の集合としてではなく、連続した経験という相において健常者が感知するのは、無意識に捏造される主観的物語のおかげである。このように時間さえも人間と独立した客観的所与ではなく、主体によって構成されている。木村敏『時間と自己』(中公新書、一九八二年)を参照。

(36) D. Hume, *op. cit.*, p. 305–306.

(37) このテーマは第6章で敷衍する。

第3章　虚構と現実

民族は虚構に支えられなければ成立し得ない現象だが、我々の生存を根底から規定している現実でもある。民族同一性が錯覚の産物であることを今まで詳らかにしてきたのは、このような錯覚から目を覚まし、自律した個人として生きよなどという結論を導きだすためではまったくない。

民族が虚構にすぎないならば、なぜ民族問題がかくも恐ろしい力で人々を襲い、苦悩に巻き込むことがあり得るのかという疑問が持たれるかもしれない。しかし民族だけに限らず、個人心理から複雑な社会現象にいたるまで実は虚構と現実とは密接な関わりを持っている。虚構と言うと、嘘・偽り・空言のように事実と相違するという消極的な側面がふつう表に出されている。しかし虚構とは事実の否定ではない。それどころか虚構の助けなしには我々を取り巻く現実がそもそも成立し得ないということに気づかねばならない。

この章では、構成員間の相互作用を通して社会的価値が形成される過程を分析する。いかなる社会・心理現象でも虚構に支えられており、それなしには社会生活自体があり得ないことを明らかにしよう。虚構と現実とを二つの対立概念として捉える発想自体が誤まりであり、人間が生きる上において虚構が不可欠な役割を果たしている事実が理解されるだろう。

捏造される現実

虚構が我々の生存をいろいろな形で支えている。その点を理解するために、次のような日常生活の場面を考えることから始めよう。嫌だと思う人を目の前にするとき、我々は無意識に否定的態度をとっている。それに敏感に反応した相手の態度は当然ながら好ましいものではなくなる。そして、「やはりあの人は嫌いだ」という確認がなされ、自らの態度が正当化される。あるいは逆に相手に対して好意的な感情を持って接した場合には、相手もそれに反応して礼儀正しい態度で言葉を返してくるだろう。そして、「最初に思っていたとおり優しい、いい人だ」という確認がなされる。最初の先入観が好ましいものであるか、そうでないかにしたがって別の行動を相手がとり、嫌な人またはいい人だという「現実」ができあがる。

信念が現実を創出するこの循環現象は、社会学者ロバート・マートンにより「予言の自己成就」と呼ばれ、多くの研究がなされてきた(1)。

複数の人間を二つの範疇に区分するとき、その仕方がまったく恣意的であっても、自分と別の集合に属すると認知された人々に対し差別的態度が生まれることは第1章ですでに述べた。そこから次のような状態が生じてくる。不当に扱われた人々は当然ながら苛立ちを示し、場合によっては暴力に訴えるかもしれない。すると最初に差別的行動を示した人々は、相手の否定的反応を目の当たりにすることで自己の判断がやはり正しかったのだという確認を無意識的にも行い、それがまた差別の強化を呼ぶという悪循環ができてしまう。

北アイルランドのカトリック信徒対プロテスタント信徒、パレスチナ人とイスラエル人、バルカン半島におけるセルビア人とアルバニア人、そして近くは日本人と朝鮮人などの間で繰り広げられている相互不信・敵意の背景に、この構図を見ることは無理でない。むろん、歴史的に生成されたこれらの対立の原因を範疇化という認知機制のみに求めようというのでもなければ、また支配者側と被支配者側とを同列において喧嘩両成敗しようというのでもない。ここで問題になるのは、根拠のない偏見が現実を作り出してしまうというその事実自体だ[2]。

『プロテスタンティズムの倫理と資本主義の精神』でマックス・ヴェーバーが展開した有名なテーゼも、マートンが考察した虚構と現実との間に成立する循環と同形になっている。ヴェーバーの歴史分析通りに資本主義が実際に発達したかどうかはここでは問題でない。テーゼの論理構造自体に注目しよう。

資本主義を支える世界観が現れるためには、ある宗教的な精神革命が必要だったとヴェーバーは説く。労働によって得た利益を消費するのではなく、禁欲的な生活管理を行うと共に利益を次の生産への投資に回すことによってさらに大きな利益を求めるという発想が普及しなければ、資本主義経済の発展はあり得ない。

ところでキリスト教の伝統的世界観においては物質的生活と魂の救済とが分離されていた。例えば聖パウロは終末論的観点から、俗界の物質生活に多大な関心を抱くことの愚を説いた。

人生というこれほど短い巡礼期間において、どんな職業につくかを重要視するのは不条理である。自らが必要とする以上の物質的利益を追求するとしたら、それは神の恩寵が与えられていない証拠でもある。このような利益を得ることは他人の犠牲なしには不可能だろうから、物質的利益の追求は絶対に排除しなければならない[3]。

したがって資本主義の精神が発展するためにはこのような考えが改められる必要があったが、ヴェーバーはその精神革命の端緒をカルヴァンの思想に求めた。魂の永遠の救済に関して、カトリック教会は日常生活における敬虔な努力の重要性を説くが、それに対してカルヴァン主義ではこのような呪術的発想を拒絶する。人間のこざかしい努力で救済を得られるなどという考えは愚かな迷信であるばかりか、そもそも全能の神を恐れぬ冒瀆行為でさえある。「神の意志により、また神の栄光の示現のために、ある人間は永遠の命を定められ、他の人間は永遠の死を定められている」というウェストミンスター告白(一六四七年)にみられるように、カルヴァンの提唱する救済予定説はそれまでの神学的発想と一線を画している。人間は、神が自らの栄光を成就するための単なる道具にすぎない。神のために人間が創造されたのであり、その反対に人間のために神がいるのではない。各信徒がどんな行為をしようとも、神が一度定めた彼らの運命には何らの変更も加えられない。また能力に限りのある人間という存在には神がどんな運命を与えているのかを知ることもできない。自らが救われるのかあるいは永遠に呪われる運命をたどるのかを知る方策はまったく存在しない。

言い換えるならば、救われる運命にある者はどんな悪行を行っても、また神の恩寵を拒絶しようとしても否応がなしに救われる。また反対に呪われる運命に定められた者はどんなに善行を積んでも神の恩寵には手が届かない。さて、人間の意志や努力をまったく無視するこのような決定論的世界では一体どんな人間行動が観察されるだろうか。常識的に考えるならば、諦観を伴った宿命論に行き着くほかないだろう。運命が最初から決まっていて地獄に堕ちる定めなら、どんなに努力しても報われることはない。あるいは逆にどんなに怠けても、さらには他人に危害を与えても、神の恩寵を受けて救われる運命にあるのなら地獄に堕ちる心配をする必要もない。そうならばわざわざ苦労をして他人のために尽くしたり、よりよい生き方を求めて努力するような人間がどこにいるだろうか。

しかし、そのような合理的判断に合致した行動を救済予定説は導かなかったとヴェーバーは主張する。「予定説から導かれる論理的帰結は言うまでもなく宿命観であろう。しかし『試練』という概念が導入されることにより、実際の心理的結果はまったく反対のものになった」のである(4)。

実は、自分が神に選ばれた人間なのかどうかを探る方法が、間接的だがたった一つだけある。確かに、神の意志を知る能力は人間にはこれっぽっちも与えられていない。しかし神に選ばれた人間は神の栄光を実現するための道具なのだから当然、敬虔な生活を送る有能な人間であるはずだ。酒に溺れ淫行にうつつを抜かすような輩であるはずがない。したがって脇目もふらぬ努力を毎日重ねている事実こそ、まさに神の軍団に属しているという証拠ではないか。

つまり禁欲的生活を送るという外的な徴候を通して、自らが神に選ばれている、自らの存在が無意味ではないという主観的な確信を得るようになるのである。このようにして、休みなしに勤勉な生活を常に求め続けることにより、信者の物質的および精神的生活が次第に豊かになる。またひるがえっては、その経済的繁栄が自分は選ばれた存在だという確信を強化するという循環ができあがる。こうして初めの虚構がついには確たる現実を作り出す[5]。

人間は外界に対して必ず何らかの先入観を通して接している。対象の意味は観察者・行為者から独立して存在するのではなく、ある状況の下にその対象に働きかける観察者・行為者との関係においてそのつど決まっている。すべての現実は必ず観察者・行為者によって馴致され、構成された表象を通してしか把握されることがない。したがって相手が悪意に満ちているという印象を持つとき、それが事実であるかどうかとは別に、その表象に応じて我々は行動する。そして初めは表象と現実との間にズレがあっても、表象が生み出す行動がついには現実をねじ曲げて表象を正当化するような事態を、よい意味でも悪い意味でも生み出すようになる[6]。

無根拠からの出発

さて、初めは虚構であったのに既成事実が積み重ねられるために現実が曲げられてしまうという機構を、これまで問題にしてきた。しかし、虚構と現実とを反対概念として捉えているうちは依然として、単に虚偽・いつわりにすぎないものとして虚構が理解されている。虚構をこのように消極的かつ否定的側面からだけ見ているのでは、虚構が人間生活において果たす不可欠な役割が見過ごされる。虚構の意義はもっと積極的な角度から眺められなければならない。

虚構と現実とを分離して理解すると、虚構や嘘で固められた我々の現実とは別のところに、本来あるべき真実の社会秩序が存在し得るかのように考えてしまう。しかし実は、我々が生きている現実はいかなる場合でも根本的な意味での恣意性を含んでおり、絶対的根拠に支えられることなしに成立している。そして無根拠であるにもかかわらず世界が円滑に機能するためには、人間によって様々な虚構が生み出され、それらが人間によって信じられることが必要になる。言い換えるならば、虚構の物語が自然に生成されると同時に、その虚構性が人間自身に隠蔽されなければならない。以下では、虚構と現実とが反意語をなすどころか、両者は相補的で分離不可能な関係にあることを示してゆこう。

ある文化圏で見いだされる法律・権利・道徳・習慣などという広義の社会制度は、固有の歴史状況に規定されながら発展したとはいえ、しょせんは偶有的な産物だ。挨拶をする際に握手をしようと、頭を垂れようと、頬を寄せ合おうとそこに何らの必然性があるわけでなく、当の規範の代わりに他の規範が普及していても少しもおかしくない。パスカルは法の恣意性について次のように述べている。

習慣は、世に受け入れられているという、ただそれだけの理由で正しさの基準になる。（……）習慣の権威が何に由来するのかを明かす者は同時にその権威を破壊してしまう。過ちを正すことを目的とする法こそが実は最も誤っている。（……）法の拠って来るところをよく調べようとする者は、法がはなはだ頼りなく、またいい加減であることに気づくだろう。（……）国家に背き、国家を覆す術は、既成の習慣をその起源にまで遡って調べ、その習慣が何ら権威や正義に支えられていない事実を示して習慣を揺さぶることにある。（……）法が欺きであることを民衆に知られてはならない。法はかつて根拠なしに導入されたが、今ではそれが理にかなったものになっている。法が正しい永遠な存在であるかのように民衆に思わせ、その起源を隠蔽しなければならない。さもなくば法はじきに終焉してしまう。(7)

社会制度がまさに発生しようとしている時期に注目するならば、それを作り出す当事者達にとって社会制度は主観的あるいは契約的に生み出される人工物として映るかもしれない。しかし次世代の社会構成員にとって制度は、彼らの意志とは独立に存在する客観的な秩序あるいは仕組みとして現れる。

例えば日本では未成年者の喫煙が法律によって禁止されている。初めは恣意的に定められた協約にすぎないのに、その恣意性が忘れ去られ、未成年者の喫煙がまるで恥ずべき行為であるかのように見なされるに至る。法律の単なる合理的適用という次元を越えて道徳的価値として機能するようになる。それは大麻を吸って検挙された場合なども同様だ。本来は本人の健康の問題にすぎず、その行為自体には何ら恥ずべき理由は存しないはずなのに、芸能人など著名な者が検挙後の記者会見で「世間をお騒がせしました」と謝罪するのは、単なる契約制度上の取り決めがまるで絶対的価値であるかの如く働くからだ。

我々を日々縛っている現実は論理的な根拠があって成立しているのではない。初めは主観的で恣意的な取り決めに過ぎなかったのに、時間を経て客観性を帯びて我々の目に映るようになった社会的沈殿物が、現実と呼ばれる現象の正体なのである。

言語・宗教・道徳・習慣、あるいは近親相姦のタブーなどは誰かが意識的に決めたわけでもなければ、誰が始めたのかを同定できるような性質のものでもない。このように社会制度の多くは起源からして集合的性格を持つ。しかしそれでも論理的に考えれば、それらを導入した人間が必ずいるはずだ。制度が暴力的に導入されたか、最初から自然の様相をまとって開始されたかにかかわらず、起源が忘却され、恣意性が客観性に変換されてゆくこと自体にはかわりない。

文化や時代の制約を受け人為的に制定される実定法に対して、人間の本性に基づき時と所を超越した普遍的真理を体現するものとして自然法なる概念が認められてきた。しかし自然法の根拠はどこに求めることができるのか。

「個人」という未曾有の人間表象を生み出し近代的世界観を確立することで、人間は神から主権を取り戻し自由を獲得した。自然や神の支配を脱して、人間世界の自治が、人間自身により、そして人間自身のために行われるようになった。人間を自律的存在と捉えるこのような世界観において「正しい秩序」はどのように基礎づけられるのだろうか。マキャヴェリ・ホッブズ・ルソーらの思想に代表される近代政治哲学が立ち向かった中心課題を一言で表現するならば、宗教的虚構の物語に寄りかかることなしに社会秩序の根拠をうち立てることは可能か、そして可能ならばどのような原理に依拠するべきかというものだった。主権を保証する根拠のありかを、社会を構成する人間自身を超越した神や自然などという〈外部〉に投影するのではなく、あくまで共同体の内部に留まったままで社会秩序の正当性を論理づけることは可能なのだろうか。

人間の主権を侵害するような〈外部〉の権威や根拠を認めないならば、人間の世界を司る法はあくまでも人間自身が制定しなければならない。しかしそうすると、人間が歴史と文化の限定を受ける存在である以上、理性に問いかけながらどれだけ厳密に熟慮しようとも、どうしてもこのような実定法は恣意を完全に排除することができなくなる。したがって、人間の思惟以外に根拠を持たない実定法に物理的法則のような客観性を賦与し、制定者である人間から遊離した存在に高める必要がでてくる。どのような手段をとれば実定法を自然法に変換するという奇跡を起こせるのか。人間自身が生み出した規則にすぎないという事実を知っていながら、どうしたら法の絶対性を信じることが可能になるのか。

しかし、これはルソー自身が認めるように初めから解決不可能なアポリアだった[8]。共同体の〈外部〉に位置する神や自然法といったブラック・ボックスを援用することなしに社会秩序を根拠づけることはそもそも初めから不可能な試みだと言わざるを得ない。社会秩序は自己の内部に根拠を持ち得ず、虚構に支えられなければ根拠は成立し得ない。しかしまた、パスカルが説くように、社会秩序が様々な虚構のおかげで機能しているという事実そのものが人間の意識に対して隠蔽されなければ、社会秩序が正当なものとして我々の前に現れることはできない。つまり虚構の成立と同時にその仕組みが隠蔽されることが、社会生活が機能するための不可欠な条件をなしている。虚構であるにもかかわらず現実の力を発揮できると主張しているのではない。虚構と現実との関係をこのように消極的に捉えるのではなく、反対に両者の間に根元的で分離不可能な関係をみなければならない。そうでなければ、虚構がなぜ激しい現実の力を生み出してしまうのかが理解できなくなる。

社会の自律運動

我々を巻き込んで作用する様々な社会現象は人間どうしの相互関係から生まれてくる。人間がいなくなれば当然ながら社会現象も同時に消えてなくなる。実際に思考・行為するのはあくまでも個々の人間であり、人間と遊離して存在する「歴史の意志」「民族の運命」などという実体があって我々の世界を動かしているわけではない。しかしそのことは個人が自由にあるいは意識的に社会現象を操れるという意味ではもちろんない。社会は人間が行う様々な営為の産物だが、かといって人間が計画的に作るようなものではない。社会構成員の相互作用が生み出す結果は生産者自身の意図をしばしば裏切り驚かせる。ソ連の崩壊やベルリンの壁の消滅をいったい誰が予想し得ただろうか。その瞬間まで当事者でさえ想像できない出来事が次々に起こり、制御できない大きな外力に巻き込まれたかのような感覚の中で我々は歴史の変貌を目の当たりにしたのだった。

社会現象や制度は人間を超越した位相において立ち現れる。人間が生み出した生産物であるにもかかわらず、社会制度は人間自身から独立して自律運動をするようになる。人間相互の関係が総合されて客観的な外力として人間に迫る。人間の主体性が失われ、人間が作り出した宗教・イデオロギー・生産関係などによって人間自身が逆に操られるようになる。こうして主体と客体の位置が逆転する。

何らかの原因で恐慌が起きたとしよう。雪崩のように逃げまくる人々の中にあって、誰もが助かろうとしてもがき必死で逃げ道を探す。しかし、このような人間の雪崩を生み出しているのはまさしくその逃げようとする人々自身に他ならない。皆が逃げようとするからこそ誰も逃げられないという逆説的な現象がここに生じている。もし逃げるのを全員が一斉にやめるならば同時に群衆の雪崩は跡形もなく消失する。この例でわかるように、社会現象を起こす原因が人間以外のどこかに存在するのではないという言明と、その現象が人間自身にも制御できないという事実との間には何の矛盾もない。社会という全体の軌跡は、その構成員という要素の意識や行為に対してズレを起こし、あたかも人間自身の手を離れた力が作用しているかのような感覚を我々に与えるのだ。

商品・制度・宗教など、自己の作りだした社会的諸条件に人間自身が捕らわれ、主体としてのあり方を失う状況を示す言葉として疎外は一般にマルクス主義の文脈の中で理解されている。そして、疎外状況から人間を解放し人間の主体性を回復しなければならないと繰り返し叫ばれてきた。しかし、人間が本来あるべき姿からはずれた異常な状態としてこのように否定的側面だけから疎外を把握するのは誤っている。

疎外という概念には実は二つの異なった意味が含まれている。ドイツ語では疎外を Entäusserung と Entfremdung という二つの言葉で表現するが、前者は、集団現象が人間自身から遊離してあたかも別の外的存在として自律運動をしているように見えるという意味であるのに対し、後者は、人間が生産した諸現象に対して人間自身が邪魔者であるかのごとく感じられ、そこから排除される事態を意味している[9]。つまり疎外は、外力として迫ってくる諸制度が人間を排除するようになる現象を必ずしも意味するとは限らず、外的な諸力に包まれながら人間が共存する感覚が生まれる事態も疎外概念の重要な側面をなしている。

言い換えるならば、第一の意味（Entäusserung）で理解された疎外とは、各個人の主観的価値・行為が相互作用を通して、社会の他の多くの構成員と分かち合われる客観的価値・行為へと変換される過程を指す。社会の自律運動感覚を可能にするこのような疎外現象は、社会的動物である人間の生存にとって本源的な性格を持っており、消滅することは原理的にあり得ない。

支配の役割

人間は言語を媒介にした意味の世界に生きる存在であり、他の生物とは比べものにならないほど外界に開かれた認知構造に支えられている。固定した本能に縛られていないおかげで人間は文化という複雑な意味体系を生み出した。

ところで、生物はすべて必ず何らかの閉鎖回路の内部でしか安定した生を営むことはできない。体温、水分の割合、カリウムなどの無機物含有量が一定の範囲以上に変化しないように生物は自らの内部環境を絶えず調節しているが、この一定に保たれた内部環境のおかげで、変化に富んだ外界に随時適応しながら生存できている。

同様に、認知的に外に開かれているからこそ、外部に拡大した自己を閉じるための装置が人間にはよけいに必要になる。そしてそれがまさしく文化に他ならない。文化とはすなわち体外に創出された〈内部〉であり、したがって、社会制度に対して人間が強く依存するのは論理的な必然性に則っている。諸個人が文化からの影響を免れることが難しいのは、生物学的な本能から自律するようになった事態の見返りとして支払わねばならない、当然の代償なのである。

文化は様々な規範・価値を通して我々の思考・行動に制限を加える。その意味において、人間の自由は限定を受けるが、しかしまたその社会規定性のおかげで日常生活の様々な場面での行為が可能になっている。相手に対して攻撃するつもりがないことを示すために犬ならば尻尾を振る。この行動は遺伝子的にほぼ決定されている。しかし生物としての所与に対して人間はもっと自由であり、好意を示すという同じ目的のために多様な表現が形成されている。したがって社会制度が我々の思考や行動に制限を加えなかったならば、相手に好意を示すためにどのような表現をすべきかの決定さえ困難になる。また相手の方としても、示された表現がどういった意味を持つのかを判断できない。生物学的所与から多大の自由を獲得しつつも安定した生を人間が営めるのは、その補償作用として社会が人間の自由を制限しているおかげなのである[10]。

人間の思考や行動が社会制度によって規制されることはしたがって、人間の生を可能にする必要条件を成す。かといって、人間の作り出す規則の恣意性がそのまま露わであるうちは、他者が行使する強制力として規則が感じられてしまい、社会生活が円滑に営まれない。したがって、社会環境が行使する規制に何らかの正当性が付与されなければならない。言い換えるならば、集団が及ぼす力は、外部から強制する暴力としてではなく、内面化された規範の形を取って自然な感情の下に服従を促すのが望ましい。そしてそのためには社会秩序が人間全体から超越した相において我々の前に現れる必要がある。社会制度は人間が決めた慣習にすぎないが、その根本的な恣意性が人間自身に対して隠蔽され、さも自然の摂理であるかのように表象されて初めて正常に機能する。

支配という概念を例にとってこの点をみておこう。支配と言うと通常は悪いものとして理解され、打倒すべきものと思われがちだが、それは浅薄な見方にすぎない。マックス・ヴェーバーによれば支配とは次のような関係をいう。すなわち、少なくとも二人の個人あるいは二つの集団の間に上下序列制度のような非対称的な相互関係が存在しており、ある個人・集団Aがもう一方の個人・集団Bに発した命令あるいは示唆に適合した行動をBが取り、かつ、Aからの命令あるいは示唆がなければBはその行為を実行しなかったであろうという場合に、「AはBを支配している」と形容される[11]。

ここで問題になるのは支配を可能にする手段・方法が何であるかだが、物理的な強制力や拘束力、すなわち殺傷したり飢餓状態においたりして直接的にまたは間接的に苦しみを与える能力だけが支配形態の発生と存続とを可能にするのではない。それどころか反対に、継続する安定した支配はこのようなむき出しの強制力によってはもたらされない。「一定最小限の服従意欲、すなわち服従することに対して外的あるいは内的な利害関心のあることが、あらゆる真正な支配関係の要件である[12]」とヴェーバーが述べるように、真の支配においてはその命令意志を根拠のあるものとして現象させ、この支配関係に対する被支配者自身の合意を前提としている。

そしてこの合意が強制力の結果として現れずに自然な感情として表象されればされるほど支配は強固なものになる。言い換えれば、支配が理想的な状態で保たれているとき支配はその真の姿を隠蔽し、自然の摂理の表現であるかのごとく作用するのである。正当性の感覚を生み出す源泉としての信頼関係の性質によって、「伝統的支配」「合法的支配」「カリスマ的支配」という三つの理念型をヴェーバーは提唱したが、いずれの場合にせよ支配の本質が正当性の合意にあることには変わりない(13)。

このように根源的な意味で理解された支配は、安定した社会秩序を維持するために必要不可欠な条件である。支配から自由な社会というようなものは空想の産物にすぎず、そのようなユートピアは、「どこにもない場所」というギリシャ語の原義通り、建設しようがない。それは人類の努力がまだ足りないから、支配から解放された世界が実現していないというようなことではない。支配は社会および人間の同義語だと言ってもよいほど我々の生活の根本的部分を成している。したがって支配関係が消失することは原理的にあり得ない。

社会の構成員の間には必ず上下関係が発生するが、彼らの地位の違いは何らかの方法で正当化される必要がある。そうでなければ構成員間で絶えず争いが生じ、社会が円滑に機能し得ない。十分な正当化がなされることなしに地位の差が長期間にわたって維持される状況は人間に耐えられるものではない。平等を理想として掲げる民主主義社会の出現を前にして、フランスの思想家トクヴィルは早くも次のような鋭い指摘をしていた。

彼らは同胞の一部が享受していた邪魔な特権を破壊した。しかしそのことによってかえって万人の競争が現れるようになる。地位を分け隔てる境界そのものが消失したわけではない。単に境界の形式が変化したにすぎないのだ。(……)不平等が社会の常識になっているときには、最も著しい不平等にも人は気づかない。それに対して、すべての人々がほとんど平等化されている時には、どんな小さな不平等であっても人の気持ちを傷つけずにはおかない。だからこそ平等が増大するにしたがって、より平等な状態への願望は常に一層いやしがたいものになり、より大きな不満が募っていくのだ[14]。

現在の支配体制を受け入れよと主張しているのではもちろんない。社会はその内部に必ず矛盾を含む関係態であり、その矛盾のおかげで変化が生成されてゆく。したがって支配者と被支配者とを交代させながら、時間が経てば必ず他の支配形態にとって変わられる。しかし支配の具体的形態は変遷しても、ヴェーバーが言及する根本的な意味での支配関係自体は決してなくならない。あるいは無理になくそうと企むことは同時に社会的動物としての人間を破滅させる道だと言ってもよいだろう。

近代民主主義社会といえど構成員の間に上下階級のない平等な社会などではまったくない。不平等は社会生活の本質的姿でさえある。もちろん時代によりまた地域により不平等の形態は様々であり、またそれに対する正当化の仕方も異なる。しかしどんな形態の社会であれ、不平等が完全になくなることはあり得ない。支配のない自由な社会を建設しようという目論見は、四辺を持った三角形を描こうとするのと同じく原理的に矛盾しているのである[15]。

近代社会に孕まれる問題点を鋭く指摘するフランスの文化人類学者ルイ・デュモンは、近代になって奴隷制が廃止され人間の平等が認められるようになったまさしくその時に人種差別イデオロギーが擡頭した事実を踏まえ、次のように警告している。

これこそ、平等主義が意図しなかった結果の恐らく最も劇的な例だろう。(……)平等よりも身分制の方がよいとか、あるいはこの場合に即して言えば、奴隷制度の方が人種差別よりましだとか主張しているのでは決してない。(……)イデオロギーが世界を変革する可能性には必ず限界があるということ、そしてまたその限界に無知なゆえにこそ、我々が求めるところと正反対の結果が生じてしまう危険があるということをこの事実は示唆している[16]。

疎外が可能にする自由

マルクス主義の文脈において近代人の疎外に言及される時、そこで問題にされているのは人間が主体性を発揮できなくなることであり、疎外のからくりに人間が気づかないという事態が批判の的にされている。ヴェーバーも同様に近代人の疎外に対して憂いを表明したが、彼の場合にはマルクスとまったく逆の意味が込められている。ヴェーバーにとっては、近代になって神が死に、世界の秩序が人間自身によって作り出されるという事実に人間が気づいてしまったために、それまで社会秩序に与えられていた超越的意味が喪失され、本来の恣意性に還元される事態が問題になっている。つまりマルクスとヴェーバーはそれぞれ疎外に関する二つの異なった側面を批判している。前者が問題にするのは自由の喪失であり、後者にとっては意味の喪失が批判の対象になっている[17]。

疎外は、人間が作り出した生産物・制度に逆に支配される好ましくない状態として普通は理解されている。しかし人間が被支配関係におかれていることを意識するそのような状況は、実は支配がすでにその理想的な状態で機能しないから生じる心理状態であり、社会秩序がもともと恣意的なものにすぎないという事実が人間に隠蔽されなくなり始めているからこそ発生する症状であることを見落としてはならない。支配関係が正常に働いていれば社会秩序は自然の摂理のように表象され、疎外状態を感じることさえあり得ない。

社会は徹頭徹尾、人間が作っている。人間が営む複雑な相互作用がなければ、いかなる社会秩序も生まれないし、また変化することもない。我々の生きる世界の行方を定めているのは人間自身であり、具体的に生を営む人間を超越した「歴史の意志」とか「民族の運命」などという集合的実体は存在しない。しかしすでに述べたように、社会秩序は必ずその生産者である人間自身を超越した相において我々の前に現れる。そして人間の恣意を免れた根拠あるものとして社会秩序が我々の目に映らなければ、外部からもたらされる様々な制約が単なる暴力や不当な強制力として感知されてしまう。

恣意性がむきだしになる世界では、人間が主体的かつ自由に生を営んでいるという感覚を持てない。逆説的な言い方になるが、実は疎外のおかげで個人の自由が保証されている。詭弁を弄しているのではない。社会秩序がどの人間によっても操作できないものとして表象され、すべての人間の外部にある存在として我々の目に映ることにより、公平な規則や普遍的価値を体現しているという感覚が保たれる。そして誰からも独立した社会秩序という了解を背景に、各個人が自由でかつ自律した存在だという虚構が成立するのだ。

このような社会生成のからくりを前にして、虚構を排除しようという試みは意味を持たない。あるいはそれを強行することは人間の生存を根底から脅かす許されない所行なのだと言ってもよい。社会という集合現象は我々にとって透明な存在ではあり得ない。我々が対面する現実は必ず何らかの虚構に支えられている。しかしそれは否定的角度からみるべきではない。パスカルが言うように、社会の諸制度の恣意性がそれらを生産維持する人間自身に隠蔽され、社会秩序が客観的な様相を獲得することが、社会成立の必要条件をなす点を同時にみて取らねばならない。

この章で展開した主張は次の三点にまとめられる。第一に、虚構は信じられることにより現実の力を生み出すということ、第二に、虚構と現実は不可分に結びつき、虚構に支えられない現実は存在しないということ、そして第三に、虚構が現実として機能するためには、世界を構成する人間自身に対して虚構の仕組みが隠蔽される必要があるということだった。次の章では、民族が同一性を保つために不可欠な役割を果たす記憶について検討し、集団同一性の内実により深く迫ろう。

註

（1） R. K. Merton, *Social Theory and Social Structure*, New York, The Free Press, 1957, ch. 11（森東吾他共訳『社会理論と社会構造』［みすず書房、一九六一年］、第一一章）.

（2） 男・女などといった単なる範疇と、構成員間で実際に相互作用を持つ民族や国民という集団とがどのように異なるのかという点は重要である。ここでは、認知的次元での区別に留まる前者に対して、相互作用が繰り返して生ずる後者の方がより動的な発展を示すという点のみを指摘しておく。範疇と集団の差異、および相互作用のもたらす効果に関して実験社会心理学の立場から行われた研究としては、A. I. Teger & D. G. Pruitt, "Components of Grouprisk Taking", *Journal of Experimental Social Psychology*, 3, 1967, p. 139–205; S. Moscovici, W. Doise & R. Dulong, "Studies in Group Decision II: Differences of Positions, Differences of Opinion and Group Polarization", *European Journal of Social Psychology*, 2, 1972, p. 385–398; S. Moscovici & R. Lécuyer, "Studies in Group Decision I: Social Space, Patterns of Communication and Group Concensus", *European Journal of Social Psychology*, 2, 1972, p. 221–244 などを参照。また S. Moscovici & W. Doise, *Dissensions et consensus. Une théorie générale des décisions collectives*, Paris, PUF, 1992 (eng. tr. *Conflict and Consensus: A General Theory of Collective Decisions*, London, Sage, 1994) が集団の相互作用に関して一般的な理論化を試みている。

(3)　M. Weber, *Gesammelte Aufsätez zur Religionsoziologie*, Band I, 4. Aufl. Tübingen, Mohr, 1947 (tr. fr. *L'Ethique protestante et l'esprit du capitalisme*, Paris, Plon, 1964, p. 98). 邦訳、ヴェーバー、大塚久雄訳『プロテスタンティズムの倫理と資本主義の精神』(岩波文庫)。

(4)　Note 67, *in* tr. fr., *op. cit.*, p. 141. 強調は引用者。

(5)　この現象は実験社会心理学の立場からも研究されている。就職面接の際に無意識的に犯される人種差別の傾向を研究するために、例えばアメリカ合衆国で次のような実験がなされた。まず第一段階として、就職希望者が白人であるか黒人であるかによって(同じ態度を取るように訓練された白人と黒人のサクラを用いた)、白人の雇い主がどのような態度の違いを面接中に示すかを分析した。就職希望者が黒人の場合は、白人の場合に比べて、より身体を離して面接を行うだけでなく、質問する際に言い間違えをより頻繁にしたり、また面接時間もより短いなど、就職希望者が白人であるか黒人であるかによって無意識的に違った態度で接する事実が、録画された白人雇い主の反応から判明した。

　そこで第二段階として、白人の助手に訓練を施し、前段階で明らかになった黒人候補者に接する場合の面接態度と、白人候補者に対する場合の面接態度の両方を条件に応じて使い分けられるようにした。さて今度はすべて白人の被験者を募り、彼らに面接を受けてもらった。被験者全員を半数ずつの二つのグループに分け、一つのグループの被験者に対して白人アシスタントは、被験者がさも黒人であるかの如く振る舞った。すなわち、身体的距離を余分にとり、時々言い間違えをしたり、また面接を早めに切り上げるようにした。そしてもう一方のグループの被験者に対しては助手が、第一段階で白人候補者に接した場合のように振る舞った。結果を見ると、黒人に接する時のような面接態度を助手が取った場合は、被験者の反応はかんばしくなく、面接の成績が劣るだけでなく、面接中に緊張する様子がうかがわれた (C. O. Word, M. P. Zanna & J. Cooper, "The Nonverbal Mediation of Self-fulfilling Prophecies in Interracial Interaction", *Journal of Experimental Social Psychology*, 10, 1974, p. 109–120)。

また、これとよく似た循環として「ピグマリオン効果」と呼ばれる現象がある。生徒に対して潜在能力が高いあるいは低いという印象を教師が持つとき、各生徒に対して同じように接しているという感覚を教師が持っていても、実は無意識的に異なった反応を生徒に示しており、その結果として客観的な学力の差が生徒に現れる (R. Rosenthal & L. Jacobson, *Pygmalion in the Classroom*, New York, Holt, Rinehart & Winston, 1968)。この分野の総括的検討としては、M. Snyder, "When Belief Creates Reality", *in* L. Berkowitz (Ed.), *Advances in Experimental Social Psychology*, vol. XVIII, New York, Academic Press, 1984, p. 247–305 がある。

(6) 生理的機能が精神状態によって大きな影響を受ける事実はプラシーボ(偽薬)効果に見ることができる。薬品とまったく見かけが同じように調合された、しかし薬品成分をまったく含まない単なるラクトースの錠剤を服用させたり、生理的食塩水を注射したりすると、主観的な錯覚に留まらず、胃酸量や瞳孔開放度、血液中に含まれる脂肪タンパク・白血球・コルチコイド・グルコース・コレステロールなどの量、血圧のような客観的要因にも変化が現れる。また鎮痛におけるプラシーボ効果はよく知られているが、その原因として、心理的作用によってエンドルフィン(モルヒネによく似た鎮痛作用を持ち、体内で合成される物質)が分泌されるのではないかという仮説が出されている。それならばエンドルフィンに拮抗するナロキソンという物質を注射すれば鎮痛作用が中和されてなくなり、したがって患者の痛みは再開するだろうという予測の下に実験がなされ、仮説を支持する結果が得られている (J. Levine, N. C. Gordon & H. L. Fields, "The Mechanism of Placebo Analgesia", *The Lancet*, 1, 1978, p. 654–657)。なおプラシーボ効果の一般的解説に関しては、P. Lemoine, *Le Mystère du placebo*, Paris, Odile Jacob, 1996。民族と直接の関係はないが、客観的事実に支えられていなくとも信じ込みさえすればそこから現実が生まれるという点の理解にこれらの例は役立つだろう。

(7) B. Pascal, *Pensées*, Br. 294 (由木康訳『パンセ』[白水社、一九九〇年])。法の恣意性について述べる上で、パスカルがモンテーニュの『エッセー』からヒントを得ていることはよく知られている。ところで、神を信じるパスカルが何故このような相対主義的発想をしうるのかという問題については次のように答えられるだろう。パスカルの思想においては事実認識と、それを超える可能性の認識とが複雑に錯綜している。例えば「人間は悲惨な存在である」というように、原罪により理性を堕落させた人間の現状についての事実認識をする一方で、「人間は自分の悲惨さを思考によって知る偉大な存在だ」という人間の可能性に関する認識もパスカルは同時に示している。あるいは「人間は神を知ることができない」という事実認識を周到に論証したあと、「しかし人間は信仰によって神を知ることができる」という可能性に言及したりもしている。パスカルだけに限らず、相対主義的な認識と信仰の必要性は、よく考えれば矛盾するどころか、論理的な関係にある。理性を以て世界を把握しきれないという絶望感があるからこそ、信仰に助けを求めるのではないか。この点に関しては、山上浩嗣「パスカルにおける『中間』の問題」『関西学院大学社会学部紀要』九一号（二〇〇二年）一一三―一三六頁を参照。ちなみに法の恣意性を論議する際にパスカルに言及する論者は多い。例えば、P. Bourdieu, *Méditations pascaliennes*, Paris, Seuil, 1997; J. Derrida, *Force de loi*, Paris, Galilée, 1994（堅田研一訳『法の力』［法政大学出版局、一九九九年］）などを参照。

（8）J.-J. Rousseau, *Considérations sur le gouvernement de Pologne et sur sa réformation projetée en avril 1772*, in *Œuvre complète, III*, Paris, Gallimard, 1964, p. 955. ルソーの思想は第5章でまた検討する。

（9）P. Ricœur, "Aliénation", *Encyclopædia Universalis*, t. I, 1990, p. 821.

（10）認知環境の安定化は外界・文化が行使する規制のみによってもたらされるのではなく、我々を取り巻く世界が一定の法則で機能しているという錯覚にも支えられている。例えば、E. J. Langer, "The Illusion of Control", *Journal of Personality and Social Psychology*, 32, 1975, p. 311–328; M. J. Lerner & C. H. Simmons, "Observer's Reaction to the 'Innocent Victim': Compassion or Rejection?", *Journal of Personality and Social Psychology*, 4, 1966, p. 203–210 などを参照。

（11）M. Weber, *Wirtschaft und Gesellschaft*, Tübingen, Mohr, 1956 (tr. fr. *Economie et Société*, Paris, Plon, 1995, vol.1, p. 95). 邦訳、シリーズ『経済と社会』（創文社、一九六〇―七六年）に収載。

（12）M. Weber, tr. fr. *op. cit.*, p. 285. 強調は引用者。

（13）*Ibid.*, p. 289 sq.

（14）A. de Tocqueville, *De la Démocratie en Amérique*, Paris, Gallimard, 1961, t. II, 2e partie, ch. 13, p. 192–193. 邦訳、トクヴィル、井伊玄太郎訳『アメリカの民主政治』上・下（講談社学術文庫、一九八七年）。

（15）単なる差異と不平等とが混同されているという批判は当たっていない。子供と親、生徒と教師、社員と社長とがそれぞれ異なった役割を果たすことは正当であり、そこには何らの不平等もなく単に役割の違いがあるにすぎないという考えは、このような役割分担になぜ正当性が付与されるかを問わないために生じている。換言するならば、すでに何らかの支配体制を受け入れているからこそ、このような素朴な疑問が提出されるのだ。親／子供、教師／生徒、社長／社員という組み合わせを男／女に置き換えれば、時代・文化・政治体制によって規定された枠組みの内部でわく疑問にすぎないことが明らかだろう。

（16）L. Dumont, *Homo aequalis. Genèse et épanouissement de l'idéologie économique*, Paris, Gallimard, 1977, p. 21. 個人主義および近代的発想の問題点は第5章で詳しく論ずる。

（17）本書で言及する「疎外」は広義におけるそれであり、乱暴の誹りを免れないことを承知しつつも「物象化」と同義に使用している。

確かにマルクスの用語においては「疎外」と「物象化」は区別されるのが普通であるし(例えば廣松渉『物象化論の構図』[岩波書店、一九八三年]、特に四五―七二頁を参照)、またヴェーバーは「疎外」という表現を使用していないが、彼だけでなくトクヴィル・デュルケム・ジンメルなども表現さえ違うものの、内容的には同じ問題を中心課題として取り上げている。

第4章　物語としての記憶

記憶の作用に関する論議を抜きにして、民族という現象を論じることはできない。集団的記憶には、権力によって意識的に捏造された虚偽だけでなく、民衆の間に無意識的に発生する作り話が多く混在している。しかしこのような記憶の歪曲は否定的角度だけから捉えてはならない。忘却や歪曲を単に記憶の失敗と捉える常識的発想をしりぞけ、両者の間に対立ではなく相補性を見いださなければならない。同一性を根本的に規定しているのが記憶の働きである事実を確認すると同時に、記憶とその忘却・歪曲は不可分な関係にあることを示そう。そして原理的に同一性は虚構に支えられざるを得ないことを明らかにしよう。

虚構と現実とが織りなす密接な関係を検証した前章と同様に以下においても、民族だけに考察を限定せず一般的見地から、記憶とはそもそも何なのかという基礎的な次元に立ち返って検討したい。このように民族からいったん距離を取り、個人的記憶および集団的記憶の正体を見極めるという回り道をすることで、かえって民族に関する理解も充実するに違いない。先ずは個人的次元における記憶の仕組みを考察し、その次に集団的記憶とは何かという問題に迫ってゆこう。

自己同一性と記憶

常に変化する思考内容や感情とは別に恒常不変の自己が存在すると想定したのはデカルトだが、そのような実体的発想と訣別し、自己同一性の根拠を意識の連続に求めた最初の思想家はおそらくジョン・ロックだろう(1)。直接的であるか間接的であるかを問わず、我々が世界と結びつきを持てるのは記憶の働きによっている。またそのような結びつきが我々の同一性を保証している。

幼少からずっと一緒に過ごした思い出によって私は父や母に結びつけられている。生みの親という言葉のように血縁が強調されても、実のところ我々を結びつけているのは血縁ではない。日本で大地震が起こり多くの死傷者がでたときに、異国にいながらも同胞の死を悼むのは虚構に支えられた記憶の作用によっている。地震の犠牲者を一人として私は知らない。それでも「日本人」という虚構が私に迫ってくる力は合理的思考によって振り切れるような容易なものではない。愚かな同一性幻想だとわかっていながら、オリンピックで日本選手が活躍するのを見て思わず胸が熱くなるのも、私の現在が記憶を通して日本人と称される表象と結びつけられているからだ。私の記憶というような距離をとった関係があるのではない。ちょうど、私が身体を所有しているのではなく、私がまさにその身体であるように、私とは記憶そのものに他ならない。このように我々の存在を根底で支える個人的また集団的な記憶とは、いったいどんなものなのだろうか。

我々が自己と呼ぶものは、社会的磁場の力を受けながら生成されてくる。どんなに個人的に思える感情や好みでも育った文化圏の影響を強く受けている。むろん、社会に流布する価値観がそのまま内在化されるわけではない。自己とは、社会的価値の内在化によって生成される客観的契機と、それに対して常に反発する主観的契機とが織りなす動的なプロセスを意味している。モノとしてではなく、コトすなわち出来事あるいは現象として自己を捉えなければな

らない。(2)

記憶は認知された事実の単なる集積ではなく、何らかの構造化がなされている。記憶とは、内在化された社会関係そのものではなく、それを出発点にして各瞬間毎に新たに構成され続ける、沈殿物であると同時に動的なプロセスであるような何かである。このように常に新たに構造化され続ける契機として記憶を捉えるならば、記憶が忘却や歪曲を必然的に含むという命題が何ら奇異でないと気づくだろう。

忘却や歪曲を記憶の失敗と捉えるのではなく、忘却や歪曲なしには記憶がそもそも成立しないという考えはフロイトによってすでに十分展開されている。性衝動が意識に上りそうになる度に自我が脅かされる危険が起こるが、そのような状況から自我を守るために発動される防衛機制によって、意識内容が歪曲されたり忘却されたりする。社会的に不道徳だと判断される内容を抑圧することによって意識内容が「合理化」される。しかし実は否定的内容のみが歪曲や忘却の対象になるのではない。以下では社会心理学と大脳生理学の分野の実証研究に依拠しながら、記憶という契機は間断なく再構成されるのであり、忘却や歪曲を伴わない記憶などはそもそもあり得ないことを具体的に示してゆこう。

自律幻想

我々は日常生活の中でいろいろ複雑な情報にさらされているが、それらが相互に矛盾することは珍しくない。愛煙家を例に取ろう。タバコが健康に悪いことはよく知っている。しかしタバコはやめられない。ここには「タバコが健康を害する」という認識と、「私はタバコを吸い続ける」というもう一つの認識とが拮抗している。このような認知的に矛盾した状態は不快感をともなう心理的緊張をもよおすので、人はできるだけこのような状態を緩和しようとする。そのために拮抗状態にある情報のどれかを変更するか、他の情報をつけ加えることによって少しでも矛盾を軽減しようとする。この場合では例えば、「タバコを吸うと癌になると言うが、現代生活は危険だらけだからタバコだけやめたって意味がない」とか、「私の父は相当な愛煙家だったが八〇歳すぎまで生きた。うちは長寿の家系だから心配ない」などという理由を持ち出せばよい。このように情報の間に矛盾があるとき、矛盾を減らすような認知変化が無意識的に生じる事実が多くの研究によって確認されている。(3) 例を挙げて具体的に説明しよう。

一九六〇年代のこと、アメリカ合衆国の大学で学生紛争が起こり、それを鎮圧するために警察介入が起きた。この事件が契機となり、警察権力の介入に対抗して大学自治を守ろうという雰囲気が学生のほとんどに広がっていたが、そんな状況の中で次の実験が実施された。「今回の事件に対する学生の考えをよく理解して大学生活をより充実させるために調査をしているが、それには警察介入に賛成と反対の両方の意見を広く求める必要がある」という口実の下に、被験者である学生に対して、「あなた自身の意見とは別に、警察介入賛成の人たちの理由を想像してできるだけ説得力ある文章を書いていただきたい」と依頼した。参加の手間賃をいくらか支払うことを約束し、警察介入を奨励する文章を書いてもらった。そして最後に被験者自身の意見を尋ねた。

実はいくつかの実験状況が想定してあり、条件によって手間賃の金額が異なる。どの条件の被験者たちも警察介入に対して反対であり、したがって自分自身の信条と相いれない意見を支持する行為(警察介入を求める意見書の作成)をしたことについてはかわりない。しかしそのために受けとる報酬が条件によって異なるという設定だ。常識で考えれば、もらう金額が高ければ高いほど、そのためにした行為に肯定的な意味を見いだすので、少額を受け取った被験者に比べて、多額の報酬を受け取った被験者は警察介入を認める方向に影響されやすいことが予想される。

しかし先に述べた認知的整合性の観点からみると、これとまったく反対の傾向が現れなければならない。すなわち、「自分は警察介入に反対だ」という認識と、「警察介入を擁護する文章を書いた」という認識とはお互いに矛盾している。ところがそのためにたくさんのお金をもらったのなら別に矛盾でも何でもなくなる。嫌なことや自分の信条に反することでも、お金を稼ぐためには仕方なしにやるという状況は日常茶飯事だ。したがって金額が高くなればなるほど、自分の本心にそぐわない意見を述べた事実から発生する認知的矛盾の度合いは小さくなる。逆にほんの少額しかもらわなかったのに嫌なことをしたという認識においては矛盾が大きい。そこでこの矛盾を緩和させるために、「警察介入はいけないと思っていたけど、よく考えてみると紛争を取り締まることも必要だし、民主主義を守るためにもやはり秩序を維持する最小限度の装置は必要だ」などと警察介入を正当化する方向に意見修正するだろうという予測が立てられる。そして実験結果はまさにその通りになっている(4)。

もっと身近な分野、例えば食べ物の嗜好などに関しても研究がなされている。バッタ数匹の焼き物を並べた皿を被験者の前に出して、「無理にとは言わないが」と念押ししながらも、全部でなくていいから試しに一匹でも食べるように勧めた。約半分の被験者は尻込みしたが残りの半分は勇気をふるって実験者の勧めに従うことに決めた。さてここが実験のミソだが、実は一つの条件においては実験者が非常に優しい人だという印象を被験者に持たせるようにし、もう一つの条件下では実験者が意地悪で嫌な人間に見えるような細工を施した。

どちらの条件において、被験者はバッタをより美味しい(思ったほどは気持ち悪くない)と感ずるだろうか。好きな人のためならかなりの犠牲を払うことも厭わないが、嫌な人のためには何の努力もしたくないのが人情。バッタを食べるのは気味の悪い経験だけれども、優しい実験者の頼みならば、彼に喜んでもらえるならばその努力のしがいもある。ところが反対に嫌いな人のためにであれば、どうして不味いものを無理して食べなければならないのか、なぜこんな人のために苦労するのか自分ながら理解に苦しむに違いない。したがって嫌悪感を覚える実験者に請われてバッタを食べた場合の方が、好意を持つ実験者に依頼されて食べた場合に比べて認知上の矛盾が大きい。とすればバッタを味見したという事実は動かせない以上、矛盾を緩和するためには結局、バッタが思っていたほど不味くはなかったと思いこむ他はない。したがって意地悪な実験者の条件の方がバッタの味の印象が向上するという、常識に真っ向から対立する予想が立てられる。そして実験結果は実際その通りになっている(5)。

ところでここで重要な疑問がわく。これらの実験に共通するのは、普通ならば行わないはずの行為を何らかの口実の下に被験者に行わせるという状況だ。気持ちの悪い昆虫を試食させたり、自らの信条に明らかに反する声明文を書かせたり、あるいは電気ショックを自らに課すという不快な体験をさせる場合もある。しかしよく考えてみると、このような面白くもない行為をそもそもなぜ被験者は受け入れるのだろうか。

自らの信条・道徳・欲望に反する行為を自らの意志で行ったという認識がなければ認知上の矛盾は生じない。したがってどの実験においても、何らかの不快な行為をなす要請をした後に、「もちろん、するかしないかはあなたのご自由です。もし嫌なら仕方ありません。強制はできませんから」などと必ず確認をしている。つまり、正当な理由もないのに被験者はしたくない行為を自由意志の下に行うという、まさしく形容矛盾としか言えないような状況が生じている。この理論をめぐってなされた実証研究はおびただしい数に上っているが[6]、研究者の要請を拒否する被験者は非常に少ない。バッタを食べさせる実験でさえも、参加者の半分以上が強制されることなく自主的に、それまで口に入れることなど想像もしなかった昆虫の試食を承諾し実際に食べて見せている。何故このようなことが起こりうるのか。

この謎はしかし簡単に解くことができる。実は、被験者が行為をなすのは決して自由意志などによるのではない。自ら主体的に選択したと思っていても、我々は知らず知らずのうちに外界からの情報に影響を受けて判断や行動をしている[7]。しかし「嫌ならいいんですよ。強制する気はまったくありませんから」などと言われるために、本当は外的強制力が原因で引きだされた行為であるのに、その事実が隠蔽され、あたかも自ら選び取った行為であるかのごとく錯覚してしまう。この錯覚がなければ矛盾した心的状況は初めから起こりえない。ここには自由意志などはない。あるのは自由の虚構だけである。

個人主義の陥穽

この論理を押し進めると、自律した個人主義者ほど影響されやすいという、常識に反する結論が導き出される。他人の意見に流されず自分の頭で考えて判断・行動し、自らの行為に対して責任を持つ、そんな自律的自我像が近代では理想になっている。しかし心理機構の原理からしてそんな人間は実際にはあり得ないので、個人主義的とは、外部情報に依存していてもそれに無知である傾向が強いという意味にすぎない。したがって何らかの行為を行った後で「何故このような行動をとったのか」と自問するときに、個人主義的な者ほど自らの心の内部にその原因があったのだろうと内省し、自らの行動により強い責任を感じる傾向が強い。そのために行動と意識との間の矛盾を緩和しようとして無意識的に自らの意見を変更しやすい。合理的な自己像を保とうとする個人主義者こそ合理化＝正当化の罠に搦め捕られやすく、したがって影響されやすいという逆説的な推論がこのようにして導かれるが、この考えが正しいことは実証研究によりすでに確認されている[8]。また同様な傾向として、自己に自信を持ち、他人に頼らないで自ら判断しようとする者の方が、周りの人の評価を気にしがちな者に比べて矛盾をより強く覚えるために、このような状況におかれると影響されやすいこともわかっている[9]。

強制されている事実に気づかず、自らの意志で行為を選択しているという虚構がかえってこのような影響を可能にしている。被支配者が自ら率先して正当性を見いだすおかげで支配はその真の姿を隠蔽し、自然法則の如く作用するように、本当は自由の身でないのに自由だという幻想を抱くときにこそ、我々は権力の虜になってしまうのだ。

近代市民社会を樹立する前提条件として「個」を確立することの必要性が声高に叫ばれてきた。日本人は画一的であり、個性がないというイメージは、外国人から投げ掛けられる非難だけに留まらず、日本人自身が繰り返してきた日本人像だろう。それがまったく根拠のないものだと言うつもりはない。しかし西洋社会に顕著な個人主義的人間観が日本でより普及したとしても、そこから自律的な人間存在が生み出されるわけではない。

個人の責任をもっと明確にする社会を作らなければならないとか、まわりに流されるのでなく自らの独立した意志で行為する人間を育むべきであるなどと日本人が自己批判するとき、その理想像として暗に西洋人がモデルになっている。しかし、人間は誰でも簡単に他者に影響されるという事実を証明するデータのほとんどすべてが、まさに西洋人を被験者として得られたものだという点がしばしば見落とされている。日本人を西洋的個人主義者に変身させることが仮に可能だとしても、行為や判断を自らの意志で決定するような自律的存在は出てこない。

人間は、情報交換を常に行わなければ成立し得ない、外に開かれた存在だ。自己と呼ばれる契機は間主観的にしかありえず、それはどの文化であろうと、またいつの時代であろうとかわりない。歴史的にみれば、自律した個人という自己／他者の概念・表象はヨーロッパにおいて、また近代に入って成立したイデオロギー的産物だ。人間を自律した存在として錯視する傾向は、アジア人やアフリカ人よりも西洋人の方が強いと言うことはできる[10]。しかしだからといって、西洋人が独立した個人として実際に存在しているわけでは当然ない。そのような独我論的な存在は、日本人を特殊視する「日本人論」が自らの陰画としてその地平線の彼方に投影する蜃気楼にすぎない[11]。

我々は他者そして外部環境によって常に影響されている。しかし今まで述べてきたような巧妙な合理化機能のおかげで自律の感覚も同時に保たれている。自分自身で意志決定を行い、その結果として行為を選び取っていると我々は信じているが、多くの場合、実は原因と結果とが転倒している。人間は理性的動物というよりも、理性化する動物だという方が実状に合っている。

自律感覚は幻想だからそこから脱却すべきだと主張しているのでは決してない。それどころか反対に、このような自己を欺く機構がうまく機能するおかげで人間の生が可能になっている。考えや記憶を無意識に修正するこの仕組みがなければ、自らの行為・思考・運命を司っているという感覚を我々は持てなくなる。変化を外界から強制されるのではなく、自ら変化を選んでいるというのはたいていの場合、錯覚にすぎない。しかしこの錯覚がなければ我々はそもそも生きてゆくことができないのである(12)。

我々の思考や記憶はこのように常に捏造されながら変化している。次には大脳生理学の見地からこの点を敷衍し、人間の認知機構が根幹の部分においてすでに虚構と不可分に関わっている事実を確認しよう。

脳という虚構作成装置

高等動物や人間の脳は左右二つの大脳半球から構成されており、それらは脳梁と呼ばれる部分で接続されている。どちらかの大脳半球に達した情報はこの脳梁を通して他方の半球にも伝えられる。神経系統は左右交差しており、右の眼球で捉えられた情報は左大脳半球に、左の眼球に与えられた情報は右大脳半球に到達する。脳梁が切断されると、片方の眼球で得た情報は片方の大脳半球にしか伝わらなくなる。いわばもう一方の大脳半球はその情報を「知らない」という状態が生ずる。

例えば猫の脳梁を切断した後に、右眼をふさいで左眼だけが見える状態にしておき、ペダルを押す毎に食物を与えるなど何らかの学習をさせる。左眼から入った情報は右大脳半球だけにしか伝達されないので左大脳半球は何の学習も受けない。十分な繰り返しを行って猫がペダルを押す動作を覚えたことを確認した上で、今度は左眼をふさいでかわりに右眼を見えるようにしてやる。すると猫はそれまでの学習をまったく忘れ、食物を得られなくなってしまう。右眼を司っている左大脳半球は学習していないからだ。しかしまた左眼をあけてやると記憶を取り戻して、前と同様にペダルを踏むことで再び食物をもらえるようになる。まるで別々の二つの脳によって猫の行動が制御されているようであり、ここから「分割脳」という表現が生み出された。

人間の場合にも癲癇治療法の一環として脳梁を切断することがある。癲癇とは脳において電気信号が制御を失って異常発生する症状のことだが、脳梁を切断して左右の大脳半球を分け隔ててしまえば、片方の大脳半球で起きた異常な電気信号がもう一方の大脳半球に波及せず、正常な状態にあるもう一方の大脳半球が身体を制御できるので意識不明に陥らずにすむ。ちなみに脳梁切断手術の後でも記憶や思考能力などにはまったく異常が現れないため、他人だけでなく本人自身にも脳梁切断後の変化は感じられない。

さて、脳梁切断手術を施された患者に対して次のような実験が実施された。結果をみると、人間の認知の基本的な部分ですでに虚構が捏造されている事実がわかる。左右両眼それぞれに対して異なった二枚の絵を短い時間だけ見せた。右眼に見せられた絵の情報は左大脳半球に、左眼に見せられた絵の情報は右大脳半球に到達する。例えばニワトリの足の絵を右眼に見せると左大脳半球だけがその情報を「知る」。また、雪の降る景色を左眼に見せるとその情報は右大脳半球だけが「知る」ことになる。次に、患者の前に置かれたテーブルの上にニワトリ・かなづち・スコップ・トースター・リンゴなど数枚の絵をおき、先に見た二枚の絵のそれぞれに関連のあるものを選んでもらった。すると患者は右手でニワトリ(右眼で見たニワトリの足に対応)を指さし、左手でスコップ(左眼で見た雪景色に対応。スコップで雪かきをする)を示した。右眼と同様に右手は左大脳半球が制御しているし、左眼と左手は右大脳半球が司っているので、この結果には何の不思議もない。

ところが、何故これらの絵を選んだのかと患者に尋ねた際にはおかしな答えが返ってきた。患者は何の躊躇もなく、「簡単なことでしょう。ニワトリの足は当然ニワトリと関連があるし、ニワトリ小屋を掃除するためにはスコップが必要だから」と答えたのである。なぜ患者はこのような誤った説明を捏造したのだろうか。それは次のように解釈できる。言語能力は左大脳半球だけが制御しており、右大脳半球にはその能力が欠落している。そのために、左眼から入った雪景色の情報が右大脳半球に到達しても、言語能力がないためにその視覚情報を言語化できない。返答を迫られた患者は左大脳半球を使って答えるしか術がないが、そこに到達している情報は右眼で見たニワトリの足のみだ。左右の大脳半球が分断されているために、雪景色を右大脳半球が「見た」という事実を左大脳半球は「知る」ことができない。そこでまことしやかな虚構の物語を左大脳半球が捏造してしまうのだ[13]。

これは催眠術にかけられた人が催眠術が解かれた後にみせる現象によく似ている。誰かを催眠状態におき、例えば「催眠が解けた後で私が眼鏡に手を触れると、あなたは窓辺に行って窓を開けます」と暗示する。そうしておいてから催眠状態から開放された人と何気ない会話をしているときに自然な仕草で眼鏡に手をやる。すると被験者は突然すっと立ち上がって窓を開けに行く。このとき「何故、窓を開けたのですか」と尋ねても、「どうしてかわからないけれど急に窓が開けたくなった」と答える人は非常に稀で、「ちょっと暑かったので」とか「誰か知っている人の声が外から聞こえたような気がしたので」などというように、もっと「合理」的な理由を持ち出すことが多い。会話の途中で不意に立って窓を開けるという行為を行った本当の原因がわからない当人は、妥当な「理由」を無意識的に創作することによって自らを納得させるのだと言えよう(14)。

意識という物語

脳では多くの認知過程が並列的に同時進行しながら、外界からもたらされる情報が処理されている。そのために各過程で処理された結果の群れが総合される際には必然的に何らかの歪曲を受けざるを得ない。分割脳の実験においてもまた催眠術の場合でも、合理的な説明が自然に作り出されるが、それは、複雑な情報処理が無意識のうちに行われ、その結果が意識に上る時には、過去に沈殿された記憶と整合的な内容にすでに加工されているからである。

認知科学や脳神経生理学の知見によると、理性的精神が人間の行為を司るというデカルト的自我像は誤っており、そのような統一された視座はどこにも存在しない。意識とは、行為の出発点というよりも、過去の記憶と現在の認知とを整合的な形に加工しながら統合する物語として理解されるべきだろう。意志決定があってから行為が遂行されると我々はふつう考えている。しかし人間が自律した意志に基づいて行為する存在だという構図は、例えば、次の二つの実験結果によって大きく揺さぶられている。

指を持ち上げるなどの簡単な行為を被験者にしてもらった。いつ指を動かすかは被験者のまったく自由に任されている。常識からすると、まず指を動かそうという意志が起こり、その次に指を動かすための信号が関係器官に送られ、少しの時間差を伴って最終的に指が実際に動くという筋道をたどるはずだ。ところが実験では、まず指の運動を起こす指令が脳波に生じてしばらく時間が経過してから後に、意志が意識に生じ[15]、そのまた少し経ってから指が実際に動くという不思議な結果が観察された。

つまり、何らかの無意識的原因が生じた後に、運動が実際に起きるための神経過程と、指を動かそうという「意志」が意識上に生み出される心理過程とが同時に作動し始める。そして数百ミリ秒経ってからまず後者の「意志」が意識化され、それからまた数百ミリ秒経ったときに運動が実際に起きる。まったく自由に行為すると言っても、行為を開始するのは実は無意識的な過程であり、行為実行の命令がすでに出されてしまった後から「私は何々がしたい」という感覚が生まれてくる[16]。

手の仕草など身体の運動が何気なしに生じた際に、それに後から気づくといった事態がここで問題にされているのではない。まったく自由にかつ意識的に指を動かす場合でも、指を動かしたいという意志が生じる前にすでに指を動かすための指令が出てしまっているからこそ、この実験結果は衝撃的なのである。

もう一つの実験では、被験者にスライドを見てもらい、いつでも好きなときにプロジェクターのボタンを押して次のスライドに移動するように指示を与えた。ところが実はボタンはプロジェクターに接続されておらず、その代わりに被験者の脳波を測定し、運動を起こす命令信号が発生したときにプロジェクターのスライドが変わるようにした。もちろん被験者はこのようなトリックを知らない。さて実験が始まると被験者は不思議な経験をする。というのは、ボタンを押そうと思う寸前にスライドがすでに変わってしまい、その直後にボタンを押す意志を感じるという、通常とは逆の感覚が現れたからだ。つまり前の実験と同様に、無意識的な「意志」決定の信号が発生した後に、運動を実際に起こすための過程と、「意志」が意識化される過程とが並行して進行するが、実験に用いられたトリックのせいで、ボタンを押す意志を先取りしてスライドが変わってしまうという経験をするのである[17]。

トリックを用いたこの実験とは異なり、普通の状況では行為が実際に遂行されるほんの少し前に行為決定の「意志」がすでに意識されるので、意志が行為に先立つという感覚のごまかしに気づかない。しかし行為と意志とを生み出す過程はそれぞれ並列的に生じるので、行為が起こってしまってから「意志」が現れたとしても理屈上はおかしくないはずだ。もしそのようにヒトの神経組織が構成されていたら、自由や責任という概念も、またデカルトやカントの哲学も生まれ得なかっただけでなく、人類社会が今のような形を取ることさえなかったに違いない。

身体に与えられた様々な刺激は並列的に同時処理される。この認知処理過程をへて意識に到達するまでに、外部からもたらされた情報は必ず何らかの変形をこうむる。知覚の構成的性格を理解するために、視覚・聴覚・味覚などという形で意識に上る各情報は、それらに対応した眼・耳・口といった個別の末梢神経系の器官によって生み出されるのではないという事実を確認しておこう。

未知の場所であっても障害物を探知して不自由なく移動できる盲人がいる。障害物に近づいた際に、彼らは顔の直前に障害物の存在を感じるという。この驚くべき能力は、実は耳から入る音情報に依拠していて、コウモリがもつ超音波レーダーのようなやり方で障害物の存在を探知し、そこまでの距離を測定している[18]。この探知能力が、まれに異常に発達する場合もあり、自転車に乗って見知らぬ場所を自由に移動できた盲目の少年の例も報告されている[19]。我々の議論にとって大切なのは、障害物の探知に際して音を基に判断しているという意識がなく、顔に何かがぶつかるような感覚が生じる点である。ここに現れているのは、認知システム全体の再構成であり、単なる代替能力などではない。

このように耳で「見る」ことが可能なら、皮膚を通して「見る」こともできる。いろいろな形をした物体をテレビ・カメラで探知し、その視覚情報をコンピュータで解析し、盲人の背中に当てられた、小さなバイブレーターの端子を組み合わせて作った振動板に伝達した。少し訓練を積んだだけで盲人は背中に感じる刺激を基に物体の形だけでなく、その立体的な動きまで探知できるようになる。さらに慣れるにしたがって物体は背中にではなく盲人の目前に感知されるようになる。例えばカメラを自ら動かして物体を探ろうとする際に誤ってズーム・ボタンを押すと物体が急速に接近するような感じを受け、驚いた盲人はぶつかってくる物体から逃げようとして上半身をよじまげるなどの反射的行動を取る事実が報告されている[20]。

耳や皮膚を通して「見る」ことができるように、眼で「聞く」ことも可能だ。今まで述べてきた認知能力は身体障害者だけに限られた現象ではなく、我々が日常経験する認知にも共通している。我々は会話をする際に相手の唇の動きを無意識的に見ており、そこから得た視覚情報の助けを借りて耳から入ってくる音情報を解読している。そのために視覚情報と聴覚情報との間に矛盾が生じると合成現象が生じる。ビデオ編集で細工をして、「バ」という音を聞かせながら同時に「ガ」と発音する口の動きを映像で見せると、聴覚情報と視覚情報とが混ざり合い、被験者には「ダ」という「音」が「聞こえる」[21]。身振り・手振りなどの言語外情報を無意識のうちに聴覚情報に取り混ぜて我々はいつも会話をしているが、特に外国語で話す場合は言語能力の不十分さをこういった視覚情報で補っている。外国語で会話をする際に面と向かって話す時に比べて、電話で話す場合の方が内容理解が難しかったり、ひとりの人と対面する時よりも数人がテーブルを囲んで話をする時の方が聞き取りにくいと感じるのはそのためだ。

「眼で見る」とか、「耳で聞く」といった表現はおかしい。しかしそれは「馬から落馬する」という類の重複表現だからではない。反対に、知覚は複数の感覚器官と脳を同時に動員する能動的かつ総合的な現象だからである。我々は眼だけで見るのでもなければ、耳だけで聞くのでもないし、また舌だけで味わうのでもない。知覚とは外部からの刺激を単に受容することではない。生理的刺激の混沌とした束を、社会的に規定された仕方にしたがって切り取り、範疇にまとめ構造化することを通して意味を与えるという、捨象・付加・歪曲を必然的に伴う合成現象として知覚を把握しなければならない。

知覚の構成的性格は、脳に損傷を受け認知機能に支障をきたした次の患者の様子によく現れている。この患者の視覚機能自体はまったく正常だが、物を見た際にそれが何であるかが理解できない。ある日のこと、患者の家を訪問する前に担当の医師は真紅のバラを一輪買い求め、患者に差し出した。すると患者はまるで何か不思議な標本でも提示された植物学者のような顔つきでバラを受け取り、「約一五センチの長さの物体だ」とまず第一声を発した後、「赤い色をした渦巻形状のものに緑色の直線的な繫索が付着している」と分析を始めた。「そうですね。何だと思いますか」という医師の催促に対して患者は困惑の表情を見せるが、「うーん、難しい問題ですね。多面体のような単なる左右対称性は欠落しているし……もしかすると花かもしれない」という答えがついに返ってきた。そこで医師は「では香りを嗅いでみたら」と勧める。すると多面体の匂いを嗅げと言われたかのように患者は再び怪訝な顔をするが、結局言われたとおりにバラに顔を近づけた。すると突然バラの歌を口ずさみだし、「ああ、なんて美しいんだ。咲きかけたばかりのバラだ。すばらしい崇高な香りだ」と顔色を明るくしたという(22)。

患者は嗅覚を基に合理的な判断をして、手にした物体がバラの花であることを突き止めたのではない。香りを嗅いだ時、バラの世界に引き込まれ、その美しさと意味とを瞬時にして把握したのだ。我々が日常何気なしに行っている認知は、緻密な情報収集を通して犯人を合理的に判定する私立探偵や裁判官のような仕方ではなされていない。人や物に対して、これは友人だとか、あれは机だとかいった判断をする際に我々を支える確信はそのような解析的方法からは決して生まれない。単なるデータの集積と合理的判定を越えた何かが必要になる。そしてデータと確信との間に横たわるこの質的な飛躍を埋めるのが、本書で言及する意味での虚構に他ならない。

我々を取り巻く世界は虚構を通して構成されながら把握されてゆく。個人の基礎的な知覚機能でさえもすでに能動的な構成なしには不可能ならば、日常生活の経験が沈殿してできる記憶が、日々に累積する経験群の単なる並列的共存であるはずがない。過去の記憶と照らし合わせて新しい情報は常に加工されながら編入されていく。しかしまた、外部からもたらされた情報の導入という出来事が過去の記憶自身をも変化させ、自己再構成の運動を引き起こす。記憶は構造化された沈殿物であると同時に、新しい経験を構造化する力動的な過程として捉えなければならない。

集団的記憶の在処

個人的記憶にみられる合理化と捏造の仕組みは、集団的記憶が作り出される過程においても当然ながら機能している。

しかし、集団的現象を分析する際には、あたかも集団自身が思考したり記憶するかのような擬人的記述を戒めなければならない。民族同一性を支える集団的記憶や文化は、超個人的存在として理解された共同体というモノが育む記憶でもなければ、構成員全員が同じ内容の記憶や文化を保持しているわけでもない。共同体を一枚岩のような存在として捉えてはならない。いつの時代においても、人間の作る政治・文化共同体は多様な信念・世界観を持った男女によって営まれるのであり、社会の構成員は各自それぞれのイメージを通して民族同一性を表象している。

イデオロギー・宗教・科学・芸術・言語・価値・道徳規範・常識などという集合的に構成される精神的産物は、多くの人々がしかも時間のズレを媒介にして相互に作用する中からできあがってくる。そこには必ず情報交換が夥しい頻度で行われている。ところで社会は世代・性別・社会階層・政治信条・宗教などを異にした人々によって構成されている。このように様々な人々の相互作用の中で情報が伝達されるということは、単に既存の世界観に新しい要素が並列的に加えられることではあり得ない。そこでは既存の構造と〈異物〉との間の葛藤を通して、捨象・付加・歪曲などを無意識的に生じせしめながら能動的な合成・統合が行われる。言い換えるならば、この情報交換・伝達という行為は、同一社会内でなされる場合でも、異文化受容の過程として理解しなければならない。

共同体に属する人々が同じイメージを持っていないとするなら、集団同一性の感覚はどこから生まれるのかという疑問が発せられるかもしれない。しかし集団的記憶や文化の実体性を否定しても別に、集団同一性の感覚が消失するという帰結が導かれるわけではない。それは、言葉の意味やその指示対象の同一性が共有されていなくとも、言葉によるコミュニケーションが可能になるのと同じ理由による。

一般に言葉の意味はそれを使用する個々人によって実際にはかなり異なる。「時間」「仕事」などという日常会話に不可欠な言葉でも、それを発する者が多忙なビジネスマンであるか、芸術家であるか、物理学者や哲学者であるかによって言葉の意味はずれている。さらに「神」「金」「女」など、明示的意味を越えて豊かな暗示的意味が含まれる場合は、同じ言葉を使用しても話者の世界観に応じて脳裏に浮かぶ表象はまるで異なる。しかし言葉の使い方にそれほど大きなズレがなければコミュニケーションは十分に成立するのである。

歴史小説の主人公について議論する場合を想像してみよう。例えば親鸞という歴史的人物をとれば、どの作家が書いた小説を読んだかによって「親鸞」という名辞の意味内容は異なるし、親鸞を実際に知った人の持つイメージとはさらに大きくずれているだろう。あるいは小説に登場する架空の人物をめぐって会話をすることもできるし、誰も出会ったことのない神について議論することもできる。このように、言葉の意味がずれていても、さらには言葉の指示対象が実在しなくともコミュニケーションは問題なく成立する。同様に集団的記憶に関しても、会話する際にお互いの理解において齟齬がそれほど大きくなければ何ら問題は生じない。同じ記憶内容が共同体の構成員すべてによって共有される必要はまったくない。

歴史解釈の相対性

よく言われるように、歴史理解とは常に現在によって再構成される営為である。したがって、理解しようとする人々が現在おかれている状況によって、同じ出来事がまったく違った角度から評価され、場合によっては正反対の意味が与えられることさえある。いわゆる「アメリカ大陸発見」と通称される史実をめぐって、歴史教科書にどのような記述がなされているかを七〇カ国にわたって分析した共同研究は、叙述が国ごとに非常に異なる事実を明らかにしている。[23]

例えばアルジェリアやモロッコなど北アフリカ諸国の教科書はアラブ人の功績を評価する視点から「アメリカ大陸発見」を理解している。中世の未開地帯にすぎなかったヨーロッパがこのような偉業を成し遂げた背景には、羅針盤やアストロラーベの発明などアラブ世界が発展させた科学技術の存在を忘れてはならないし、またコロンブスに進路を決定させた地球球体説もアラブ人が提唱した理論だと主張されている。全般的な傾向として、「アメリカ大陸発見」に必要な知識のうちでヨーロッパ人が創出したものは皆無であり、アラブ人がすでに考え出したものをヨーロッパ人は技術的に向上させたにすぎないという見地が前面に出されている。それから、ヨーロッパだけに奴隷貿易の責任を課し、自らもアフリカの黒人を奴隷にしていた事実は完全に不問にされている点も注目される。[24]

奴隷貿易の犠牲者を多く出した、サハラ砂漠以南に位置するアフリカ諸国の教科書は予想されるとおり、「アメリカ大陸発見」が引き起こした非人道的行為の説明に多くの頁を割いている。それは南アフリカ共和国の教科書がまったく奴隷貿易に触れていないのと非常に対照的である。[25]

先住民を殺戮あるいは支配することで建設がなされたアメリカ合衆国とカナダの場合も、ある意味では南アフリカ共和国の教科書とよく似た記述構成になっている。特に、「インディアン」と呼ばれる人々が原住民としてではなく、ベーリング海峡を渡ってヨーロッパ人よりいち早くアメリカ大陸に上陸した植民者として描かれている点が興味深い。言い換えるならば、「アメリカ大陸発見」はインディアンとヨーロッパ人入植者との間に繰り広げられた闘争の歴史ではなく、インディアンも含めて世界各地から新天地に人々が次々と入植していった歴史を意味する。このような記述の論理においては、インディアンは原住民ではなく、他の集団に比べてより早く入植した先住民にすぎなくなり、彼らの居住権が相対化される。

また、アメリカ合衆国とカナダの教科書は基本的にイギリス人の視点を採用していて、主にスペインとイギリスとの間の覇権争いという観点から歴史が描かれている。「アメリカ大陸発見」を人類全体の偉業として讃えている点にも、スペインの役割をできるだけ過小評価し、イギリスの劣勢を背景に押しやろうとする動機が読みとれる(26)。

それに対して、虐殺の犠牲になった先住民、奴隷として連行されてきたアフリカ人、イベリア半島からやってきた征服者が入り交じりながら社会が形成された中南米諸国の場合は、自らの同一性を問うという観点から新旧両大陸の関係が描かれている。しかし同じ地域にあっても、先住民からの公然な土地略奪や徹底的な先住民掃滅戦を経て、ヨーロッパからの移民のみで国家を建設したアルゼンチンの場合は、近隣諸国とかなり異なった様相を示している。アルゼンチンの教科書の視線はもっぱらヨーロッパに向けられており、カナダやアメリカ合衆国の場合のように、先住民の痕跡をできるだけ消すような記述が採用されている(27)。

ヨーロッパ諸国の教科書に共通する特徴としては、ヨーロッパという包括的単位を史上初めて誕生させた契機として「アメリカ大陸発見」が規定されている点を指摘できる。ギリシャ・ローマ・シャルルマーニュ・神聖ローマ帝国などといったヨーロッパ内部の指標をヨーロッパの起点にするのではなく、まったく異質の他者との出会いがヨーロッパという同一性の礎石を据えたという視点が提出されている(28)。

最後に日本の教科書の傾向についても触れておこう。「アメリカ大陸発見」の推進力としてキリスト教の果たした役割が軽視されるとともに政治経済的要因が重視され、ヨーロッパ諸国間での覇権争いの側面が強調されている点が目につく。ソ連や中華人民共和国を例外とすれば、どの国の教科書でもローマ法王が宗教的権威として登場するのに対し、日本の教科書においては、敵対する勢力間の紛争を解決するための政治的調停者というイメージが前面に押し出されている。ある中学生用歴史教科書は「ヨーロッパ世界の拡大」と題する章を開始するに際し、「国の繁栄と君主の地位の安定のためには、犯罪に値する行為であっても必要ならば国王は実行しなければならないという思想がマキャベリによって導入された」と紹介し、「宗教や道徳を無視して、政治力や軍事力を重要視しなければならないとする、このような思想がヨーロッパに起こった結果、世界はどう変化していったのだろう」という疑問を生徒に投げかけている(29)。

このような覇権主義的な歴史理解の背景に、日本が西洋に向かい合った過去の歴史の投影をみることは無理ではない。[30]日本が一九世紀中葉に出会った西洋は、文化的な存在である前に何よりも先ず、強大な経済力を背景とした帝国主義勢力として、あるいはもっと端的に言って一つの恐るべき力として姿を現わした。その危機的状況の中で日本は西洋という力に対抗するもう一つの力として自らを形成していった。そこから、異質な力である西洋とそれに競合する力としての日本という図式が出来上がり、それ以外の地域の民族は両者によって支配される単なる対象と見做されるようになった。[31]そしてこの構図は現在も基本的に変わっておらず、西洋や日本という先進国以外の人々を「その他」として一括りにする日本人が少なくないという事実にも反映されている。[32]

確かにどの国においても歴史教科書に対して国家による何らかの統制は行われている。しかしこれら歴史解釈にみられる忘却や歪曲は、記述する側の世界観が無意識的に反映されて起こるのであり、権力の介入のみで説明することはできない。歴史の歪曲を否定的な角度からのみ判断するのではなく反対に、人間の営為すべてを貫通する積極的な能動性をそこに見なければならない。

過去に生じた出来事に対する想い出の単なる累積物のような静的なイメージで集団的記憶を捉えるのは誤っている。日々の新しい経験が共同体の記憶に付け加えられるつどに、過去の記憶全体が再構成の胎動を受ける。個人的記憶を検討した際に示したように、既存の記憶という電磁場が行使するバイアスを通して新しい経験は咀嚼され、集団的記憶は日々更新されながら維持されている。静的な構造あるいは固定された内容としてではなく、新たな経験を構造化しながら蓄積してゆく動的なプロセスとして記憶を捉えなければならない。この解釈の運動が世界の出来事に常に新たな意味を与えるのである。

歪曲の心理過程

忘却と歪曲とを記憶の単なる失敗としてしか捉えない、ありきたりの理解は乗り越えられなければならない。

セルジュ・モスコヴィッシは、一九五〇年代後半に精神分析学がフランス社会に普及した様子を分析し、新しい情報が社会に導入される際にこうむる変容の過程を理論的かつ実証的見地から詳細に検討した(33)。この研究に依拠しながら、新しい要素がどのように集団的記憶に統合されてゆくのかを見ておこう。

フロイトが開拓したこの新しいアプローチは性のタブーに挑戦したことに加えて、薬を用いず治療を行うという、西洋医学の観念と相いれない臨床方法のために、性倒錯者のまやかしだとか詐欺まがいのごまかしだとかいう非難を受け、多くの人々の拒否反応を引き起こした。モスコヴィッシは面接や質問票への回答の分析結果から、当時のフランス人が精神分析学に対して抱いていたイメージを、「意識」と「無意識」とがなす対立構造から「葛藤」が生じ、その「葛藤」が「抑圧」される結果、「コンプレックス」が生み出されるという構図として析出した。

この構図は「無意識」／「前意識」／「意識」からなる前期局所論に似ているが、一九二〇年ころにはすでにフロイトは自らの局所論に大きな変更を加えて「エス」／「自我」／「超自我」というまったく異なった構成を採用した。一九五〇年代という調査時期にもかかわらず、精神分析のイメージは古い局所論に依拠したまま変化しておらず、その後の理論発展状況を反映していないのは何故だろうか。

先ずは、エスや超自我という耳慣れない概念で組み立てられた後期局所論に比べて、前期局所論は我々の常識にずっと馴染みやすいという点が挙げられる。〈外〉対〈内〉、〈明示〉対〈黙示〉、〈表層〉対〈深層〉、〈建前〉対〈本音〉というような対立を通して世界を理解する仕方は、ほとんどの文化に共通する発想の基本形態であり、意識と無意識という二元論的構造は何ら抵抗なく理解できる(34)。それに比べて、エス／自我／超自我という構成は習慣的な認識枠にとってまったく異質である。

ところで、このような二元対立の形で捉えられた無意識は、フロイトの理論的立場に対する根本的な誤解から生じている。認知心理学においては通常、心理内容が意識にまで上らない状態を無意識と呼び、意識と無意識とを単なる程度の差として把握するが、それに対して精神分析における無意識という概念は単に意識の欠如した状態を意味するのではない。それだからこそフロイトは前期局所論において、前意識という概念を導入することによって、意識の単なる欠如態としての前意識と狭義の無意識とを区別し、前意識を無意識の一種としてではなく、意識の近接概念として位置づけたのだった。意識と無意識との違いは意識化の程度というような量的な差ではなく、意識に対して力動的関係を保ちつつ機能する異なったもう一つの能動的契機として無意識という概念は提示されている。

当時のフランス人の理解における「無意識」は、したがってフロイトのいう前意識にすぎない。このように常識的な意味にすり替えられてしまえば、無意識はもはや既成の世界観を脅かすような危険な存在ではなくなる。こうして慣れたイメージにいったん変換・解釈された後に、新しい情報・経験は既存の世界観・記憶に取り入れられてゆく。

さらには、精神分析学において最も重要な概念であるリビドーが、精神分析の理解からものの見事に欠落している点にも注意しよう。精神分析とは何かという質問をしたときにリビドーに言及したフランス人は、被調査者全体の一％に過ぎなかったとモスコヴィッシは報告している。

この概念が当時のフランス人の記憶から排除された理由を理解するためには、まさにこのリビドーを理論の中心に据えて性タブーに根底から挑戦したがために、精神分析学は性倒錯者の妄言に過ぎないと決めつけられ、拒絶反応の嵐を巻き起こした事実を思い出さねばならない。すなわち、社会のタブーに抵触する見解の排除という代価を支払って初めて、フロイト理論はいわば解毒されて一般良識への編入が可能になったといえる。

新しい情報・価値観が社会に侵入し、既成の世界観に緊張や葛藤を誘発する恐れがある時はこのように中和作用が発動される。ところで我々は皆、性別・年齢・社会階層・学歴・職業などに応じ固有の集団・範疇に属し、そのコミュニケーション網に絡められている。ある集団で伝達交換される情報は固有な内容を持ち、そこに生活する人々はある程度共通した経験に遭遇する。そのために何らかのバイアスを受けた集団的記憶が構成されている。したがって同一社会内でも各集団が持つ宗教観やイデオロギーなどにしたがって、外からやってくる異物に対する反応はとうぜん異なる。

モスコヴィッシは、精神分析に対する共産党員とカトリック教徒の反応の違いを面接調査および機関誌の内容分析をもとに明らかにした。一九四九年から一九五三年の期間に発行されたフランス共産党の機関誌に掲載された記事の多くは、階級社会の矛盾を個人的問題にすり替えようと謀るブルジョワ階級およびアメリカ帝国主義の陰謀として精神分析学を位置づけ、このような反動思想に対しては正面衝突の姿勢で対処しなければならないと説いた。現代社会に生きる人間が抱える諸問題は資本主義の内在的矛盾によって引き起こされている事実を精神分析は無視し、それを各個人の心理的問題にすり替えている、社会問題を生み出す原因の真の在処を隠蔽し、階級闘争からプロレタリアートの眼をそらす目的で精神分析学が捏造されたのだと厳しい非難を浴びせた。精神分析学をブルジョア的イデオロギーとして捉える姿勢は、共産党機関誌に掲載された精神分析に関する記事の七〇%において精神分析がアメリカ合衆国と資本主義とに結びつけられるという事実にも現れている。

それに比べてカトリック教会が発行する機関誌の場合は、子供の教育における精神分析の有効性を認めるなど比較的柔軟な姿勢を見せている。フロイト理論が性欲を重要視しすぎる点は誤りだとして厳しく批判しながらも、精神分析を告解(懺悔)の世俗形態として捉え、告解の習慣を持たないプロテスタント諸国において精神分析はその代わりの役割を果たし、精神的安らぎを人々に与えていると肯定的に評価した。精神分析学という新奇な発想に遭遇した際に、カトリック教徒の世界でよく知られた告解という習慣との比喩を通して近似的に理解することで、精神分析の異質なイメージが和らげられ、カトリック教徒が抱く世界観・記憶に統合されたのだった[35]。

哲学者や数学者が厳密な手続きを通して意識的に導く論証ならば、所与のデータに対して論理的な吟味が十分なされた後で結論が導き出されるという道筋をとる。しかし一般に人間の思考はそのような線形的展開を示さない。

例えば日本の戦争責任や教科書問題などの政治的テーマについて討論する場面を考えてみよう。相手の主張を最後まで虚心に聞ける人はまれで、相手は左翼なのか右翼なのか、味方なのか敵なのか、論者は信用に値するのか、それとも政府の御用学者なのかといった範疇化がすぐさま無意識的に行われる。そして相手が展開する論理はこのようにして予め作られた思考枠を通して理解され、展開に応じて賛成の安堵感あるいは反対の怒りや抗弁が心の中で積み重ねられてゆく。新聞や本を読む場合でも同様で、読者にとって重要な関心事ほどこのような歪曲を通して解釈されやすい。

つまり、論理的手続きの進行方向とちょうど反対に、まず既存の価値観に沿った結論が最初に決定されてしまう。そしてどのような結論が選び取られたかに応じて、検討に付されるべき情報領域が無意識的に限定・選択される。まず客観的な推論がなされその結果として論理的帰結が導き出されるのではなく、その逆に、先取りされバイアスのかかった結論を正当化するために推論が後から起こってくるのである。

カトリック教徒や共産党員が精神分析に対して異なった理解を示すのは、同一の対象に対して論理的検討をした後に彼らが異なった二つの判断に至るからではない。精神分析という対象が視界に入るや否やすぐに無意識的な過程をへて態度決定がなされ、その後で理屈がひねり出されてくるのだ。そういう意味では、同一の対象に対して判断を下すというよりも、そもそも初めから二つの異なった対象に向かい合うと理解する方があたっている。

子供や「未開人」の考え方は大人や「文明人」の思考とかなりずれている。しかしそれは前者の認知・判断能力が後者のそれに比べて劣っているからではない。彼らは異なった世界に生き異なった経験を積み、したがってそれに応じて異なった記憶を沈殿させるために異なった思考や行動を示すのである。

有益だからといって新しい情報が常にすんなりと受け入れられるわけではない。第三世界の国々に新技術を導入する試みがしばしば失敗に終わるのは、低開発国住民の知識の欠如などによるというよりも、反対に、導入される異文化要素と互換性を持たない知識の過剰を原因としている。

具体例を一つ挙げておこう。(36)赤痢などの伝染病防止を目的として、生水を飲む習慣を廃止させるようペルーの農村地帯において衛生指導が図られた。およそ二〇〇世帯を対象に二年間にわたり根気強く指導がなされたが、結局のところ、水を煮沸するようになったのはわずか一一世帯にすぎなかった。指導の試みが失敗した原因は何だったのか。

この村の人々はすべての飲食物を「熱いもの」と「冷たいもの」という二つの範疇に分けている。ただし、ここで「熱いもの」と「冷たいもの」というのは飲食物の実際の温度を基に区別されるのではない。「冷たいもの」とは「冷たさ」を本質的に内在すると考えられている飲食物のことであり、その反対に「冷たさ」を本質的に内在しないと認識された飲食物が「熱い」と表現される。例えば豚肉や生水は非常に「冷たい」食物であり、アルコールは非常に「熱い」飲み物だと信じられている。「熱い」とか「冷たい」とかいう状態を我々は常識的に物体の持つ熱量の程度差として理解するが、この村の人々は反対に「冷たさ」の含有度を基に飲食物を二つの範疇に分類していると言えよう。(37)

ところで村人たちの信ずるところによると、健康な人は「冷たいもの」を摂取できるが、病人の場合は極度に「冷たいもの」を口にすることは控えなければならない。したがって病人は食事の際に、「冷たいもの」が内包する「冷たさ」を取り除くために火を加える必要がある。また逆からみれば、火を使って調理するというのは当人が何らかの病気に冒されていることを意味する。したがって健康な人が水を煮沸するという道理に合わない行動は許されない。

新しい衛生習慣を村人が理解できなかったのは単に無知だからではなく、煮沸消毒と相容れない世界観を持っているためだった。一一世帯だけは食事のときに水を煮沸するようになったが、実はそのうち一〇世帯の家庭が病人を抱えていた。つまり衛生指導に理解を示したわけではなかった。そして残りの一世帯は外国出身者であり村八分のような待遇を受けていた。村人と同じ世界観を分かち合っていなかっただけでなく、孤独を紛らわせるために、外部からやってきた衛生指導員と積極的に会話を重ねるうちに影響されたのだった。

水の煮沸を拒んだ一人の女性は、「細菌が病気を起こすと言うがいったいそんなものがどこにいるのか、人間でさえ溺れてしまう水の中に生きているなら細菌とは魚のことなのか、目に見えないほど小さい細菌が、比べようもなく大きな人間に対してどうして害を与えられるのか」と考えようによってはまったく論理的とも言える反論をしている。

子供の頃から我々は夥しい量の情報を摂取・受容してきた。赤ん坊は無知な状態でこの世に生まれてくるが、かといって外部からもたらされる情報の受容がそのために妨げられるようなことはまったくない。それどころか反対に彼らは驚くべき速度で新しい情報を咀嚼・消化してゆく。それは年をとるにしたがって構造化される記憶がまだ嬰児に備わっていないからだ。外国語は幼少のうちに学ばなければ後にどんなに努力しても発音や文法の誤りを矯正できない。それは母語を習得するにつれ固有の言語構造ができあがり、他の言語の世界を受けつけなくなるからである。

外部世界と内部心理とを明確に区別することはできない。人間は中立な状態で外界に反応するのではない。我々は誰でもいわば色つきメガネをかけているようなものであり、レンズが起こす濾過・屈折・歪みを通してしか外界を把握できない。知識を習得し、思考訓練を積み、あるいは喜怒哀楽を生きることを通して、我々の眼を覆うレンズの色はどんどん変化してゆく。かといってレンズの色が淡くなったり、無色透明になったりはしない。哲学者であろうとも科学者であろうとも記憶と呼ばれる色メガネを必ずかけて生を営むのであり、メガネをはずして外界を直接把握することなど人間には絶対にできない。それぞれの社会や時代が形成する色メガネを通してしか、外界からもたらされる情報に接することができないのである。

ある対象を前にするや否や、我々は自らの持つ世界観に従ってすぐさま対象を解釈し再構成する。そしてこのように主観的に構築された表象をもとに我々は態度決定したり評価したりしている。行為者の世界観に応じてAという対象はすぐさまA′という異なった表象に変換される。そして我々が反応するのはA′という表象に対してであり、Aという対象そのものに対してではない。

新しい発想や慣れない対象の理解とは、何らかの主観的解釈を加え整理・合理化する行為である。ある情報や対象に遭遇するとき、即座に我々は記憶すなわち過去の経験が構造化した沈殿物と照らし合わせて解釈している。新しい知識の獲得とは、空の箱に何か新しいものを投入するようなことではない。箱はすでに溢れんばかりに詰まっている。様々な要素群が整理されながらぎっしりとひしめく箱の中にさらに新しいものを追加するような状況を想像しよう。そのままでは余分の空間がないから、既存の要素を並べ替えたり、場合によっては一部の知識を放棄しなければ、新しい要素は箱に詰め込めない。我々の世界にはいつも意味が充満している。新しい情報を取り入れるということは単に既存の世界観に新しい要素が並列的に加えられるということではない。既存の構造と新情報との間の葛藤を通して能動的な再構成が常に行われているのである。

事実とは何か

共同体構成員間で営まれる相互作用の構成物として集団的記憶を位置づける本書の立場に対して、それでは歴史的事実がすべて社会の捏造する物語になってしまうではないかという反論が出るかもしれない。しかしこのような疑問が発せられるのは、そもそも「事実」の意味についての誤解を原因としている。

歴史的事実とは何か。それを考えるにあたって先ず身近な例を取り上げよう。殺人事件が起き、犯人とおぼしき人物が警察の捜査によって挙げられ逮捕された。状況証拠が確認されただけでなく殺人現場の目撃者も数人見つかり、彼らの証言はおおむねにおいて、逮捕された人物が犯人だという推論を支持している。さらには容疑者の自白も得られた。裁判が行われ、厳重な審理を経て判事らは容疑者に対して有罪判決を下した。

このような厳密な手続きを踏んで決定された判決なのだから、殺人事件という歴史的事実の真相が明らかにされたと考えてよいのだろうか。過去に起きた出来事の実態を知るためには、まず各個人がその出来事の正確な経緯を想起できる必要がある。この例の場合で言えば、目撃者の証言および容疑者の自白内容が実際に起こった事実に合致しなければならない。しかし人間の認知機構には出来事の経緯そのものを正しく再現する能力は備わっていない。だからこそ同じ事件に際しても目撃者の証言が大きく異なることは珍しくない。また容疑者の側でいえば、不眠状態におかれ執拗に尋問を続けられると、実際には犯した行為ではなくとも、次第に暗示にかけられ、自分が犯人だという錯覚におちいることもまれではない。複数の個人の間で過去の事件に対する想起が一致しない場合、各個人の想起内容は単なる主観的印象でしかない。その際には当事者間の相互作用から「事実」が構成される他はない。

さらに厳密に言うならば、すべての人々が同じ想起をする場合でも、証言内容が過去に実際に起きた出来事を正しく反映しているとは限らない。全員一致の記述であっても、全員が同じバイアスのかかった解釈をしている可能性があるので、本当の事実だという保証はない。例えばアメリカ合衆国の黒人、そして在日朝鮮人や被差別部落民など社会で偏見にさらされている人々が冤罪の犠牲になりやすいことはよく知られている。すでに述べたように、我々は常識という色メガネを通して世界に接している以上、別に悪意を持っていなくとも、このような誤りは生じ得る。[38]

与えられた状況に対して総合的かつ厳密な手続きを踏んで判断するとはいえ、判決を下すのはとどのつまり人間だ。アメリカ合衆国のように市民の中から選ばれた陪審員によって判定される場合でも、市民の代わりに法解釈に慣れた専門家によって判定される場合でも根本的には事情は変わらない。そこに生じているのは人間による間主観的な判定であり、事実そのものの記述ではない。事実そのものと認定との間の飛躍をなくすことは原理的に不可能なのである。

今の例は事件が起きた現場に実際に人が居合わせた場合だが、このような状況はまれであり、ふつう我々が歴史的事実を問題にする際には間接的情報のみに寄りかかって事実認定をする。したがって正しく認定できる可能性はさらに問題視されねばならない。

「過去の事実」と呼ばれるものの正体を理解するために、共通了解可能性の根拠としてカントが提出した議論を参考にしよう。外界に実在する対象がまずあり、それを主体すなわち人間が認知するという二元論的構図に則って我々は世界を了解している。しかし我々が現実に捉えることのできるのは、目の前にあると感じられる「机そのもの」ではなく、その机の像つまり認識された後での表象にすぎない。そうすると、この「机そのもの」と「表象としての机」とがどのように一致するのかという問題が出てくる。ところが、この「主観—客観」図式で考えている限り、両者の一致を保証する方策は見つからない。「机そのもの」なる客体はそもそも存在するのか、これが哲学者たちの頭をずっと悩ませ続けてきた認識上の難問に他ならない[39]。

カントの認識論においては、外部世界に「物自体」が実在するが、これは我々人間の悟性には決して到達できないとされる。ある対象が把握され我々の悟性に現れる際には何らかの変容をすでにこうむっているので、その「物自体」が捉えられているわけではない。しかしそれでも我々人間すべてに同じ現象が現れるのは、人間に共通する認識の枠組みが存在するからだとカントは考えた。つまり、バイアスのかかった認識しか人間にはできないかもしれない、しかしそのバイアスのかかり方がどの人間においても同じであれば、同一の「物自体」に対する主観的表象は同じになるので、「物自体」とそこから生ずる現象との間にある齟齬は探知され得ない。このようにカントは共通認識の可能性を根拠づけた。

しかし、机やイスのような物体の共通認識については人間すべてに共通する認識枠の存在を仮定することで一応の説明がつくとしても、複雑な行為・状況を含む出来事に対して当事者全員が共通の理解にいたるという保証はどこにもない。同じ出来事に対して異なった解釈がなされるのは日常茶飯事でもある。

大森荘蔵は、「物自体」をめぐる議論を歴史的事実にも応用した上でカントの立場をしりぞけ、「過去自体」は、人間が歴史的に培ってきた誤った認識様式に基づいた錯覚であり、「物自体」と同様にそもそも存在しないと主張している[40]。「過去自体」の存否に関する決定はここでは棚上げにしよう。しかしもし「過去自体」が客観的に存在すると仮定しても、では我々はそれをどうやって同定するのか。すでに述べたように、物的証拠、想起内容に対する当事者間でのだいたいの一致、他の「事実」との論理的整合性を考慮して間主観的に構成される解釈以外に歴史的事実はあり得ない。

共同体構成員による間主観的判断を離れて事実の真理性を保証できないのは、歴史的事象だけに限らず、科学を含んだ知識すべてに共通した特徴である。物理学のような厳密な学においても、真理は学者が形成する共同体の合意を離れてはあり得ないことがすでに常識になっている(41)。ある命題が客観的に(すなわち主観から独立した立場からみて)正しい考えであるから、正しいと認識されるのではない。そのような主観を離れた判断を可能にする超越的場所はそもそも存在しない。反対に、「正しい」と共同体の成員によって認識されるから、その考えが「真理」に合致していると了解されるに過ぎない。

どんなにきびしい実証的手続きを経たとしても、記述する歴史家の生きる時代・状況という濾過装置を通してしか、歴史の意味は浮かび上がってこない。歴史を理解するとは否応がなしに、ある特定の観点から資料を解釈し、重要だと思われる要素を、そうでないと判断される要素から区別しながら物語を組み立てることに他ならない。例えば『岩波講座　世界歴史』はかなりの大部とはいえ、その気になれば数カ月で全三一巻を読了できる。しかし古代から現代まで数千年にわたる世界各地域の変遷に関する記述がどうしてそんな分量に凝縮できるのだろうか。それは伝記に関しても同じだ。数十年という人生を多くても数冊の分量に記録できるのは、歴史記述というものがそもそも選択と解釈なしには成り立ち得ない営為だからだ(42)。

子細にわたり文書の検討を行い、関連を持つ他の事象についての知識との整合性を吟味した後に専門家集団が生産する歴史事実を、イデオローグの提示する粗雑な主張と同一視することは許されない。しかしどんな厳密な手続きを取ったところで「過去そのもの」に到達することは論理的にあり得ず、共同体を構成する人々の間で成立する合意以上に確実な、事実の真理性を保証する根拠は見いだせない。それは、ないものねだりとしか言いようがない。

かといって、事の真相はどうせわからないのだから資料の解釈もいい加減でよいという結論を引き出すのは誤っている。そのような短絡的発想は「真理」という概念に対する素朴な誤解に由来している。確かに、科学的知見の正しさを保証することは原理的に不可能だ。それは科学と呼ばれる社会制度の根本的性格である。既存の知見と整合的な一つの仮説が提出され、実験的にその仮説の妥当性が証明されたとしても、そのことは当該の命題の絶対的正しさを保証するのではまったくない。その時点において当該の仮説が他の仮説よりも妥当性が高いと関連分野の専門家によって判断されただけのことにすぎない。

そもそも科学の歴史は夥しい誤謬の積み重ねの歴史に他ならない。今日正しいと判断される命題のほとんどは、実は誤っていたことが近い将来に判明する運命にある。どんなに実験を積み重ねても仮説の正しさを直接に証明することはできない。誤りが発見されるまで仮説がさも正しいかのように扱うしか術がない。今これが真理のように見えるという以上の確実性は人間には与えられていない。知識というものの原理からして我々はこのような暫定性で満足するより他はない。

確乎とした真理がどこかにあって科学者がそれを発見するのではない。逆に、各時代において妥当だと判断される知識群に照らし合わせ、矛盾がないあるいは矛盾が最も少ないと科学の専門家集団によって判定された命題を「真理」と呼ぶ約束にしようというのが科学的真理なるものの正体なのである。

真理と確信

真理は存在しないと言っているのではない。正しいと人間によって確信されるということがそもそも真理の定義なのである。

「存在が未だ証明されていないからといって本当に存在しないかどうかはわからない」などという言明はおかしい。社会的承認を与えられた手続きに基づいて存在が証明されたと人間に感知された場合に、存在するという表現が使用されるのであり、そのような条件が満たされることが存在の定義をなす。人間によって存在が認められない間は、存在するにもかかわらずその事実が発見されていないのではない。そのような状況においては単に存在していないにすぎない。人間を超越した場所があり得ない以上、本当には存在するがそれがまだ発見されない状況と、本当に存在しない状況とを区別する手段がない。したがってそのような区別はまったく意味をなさない。

理論的には存在が要請されても実証的な存在証明を待たねばならないと主張しているのではない。哲学的思弁によるのでも実証の結果によるのでもどちらにせよ、人間によって確信をもたれるかどうかが真理の根拠なのである。

さて、当事者間の相互作用からどのようにして一致した見解が生ずるのだろうか。単純な多数決によるのでないことは言うまでもない。裁判により被告が有罪判決を受けた際に、有罪の確率が高いという合理的判断に留まるうちは真の意味で有罪が社会的に認められたことにはならないだろう。ある解釈が社会的承認を得るためには、それが単なる主観的解釈にすぎないという実状が隠蔽され、疑うことのできない客観的事実として信じられなければならない。

日常生活の様々な場面において我々を支える確信が生まれるためには、単なるデータの集積と合理的判定を越えた何かが必要になる。そういう意味においては、確信はある種の宗教的次元に属している。

我々が正しいと思う命題はいつも必ず合理的検討を経ているとは限らない。太陽の周りを地球が回っているとか、エイズはヴィールスによって引き起こされるとかいう科学的命題にしても、それらを正しいと我々が考えるのは、ただそのように教科書に書いてあったり、マスコミで報道される内容をそのまま信じ込んでいるにすぎない。

どんな種類の命題でもその正しさが確信される過程では必ずどこかで思考停止が起こり、それ以上には疑問をはさまない地点がある。科学の分野であれ、宗教の世界であれ、日常的常識においてであれ、それはかわらない。その地点の彼岸に対しては我々は無条件に信じているのだ。そういう意味では合理的証明と宗教的信仰とを完全に区別することは難しい。「理解する」「確信する」ということの意味は、科学においても宗教においても、究極的な地点ではそれほど異なっていない。

あるとき突然、眼の鱗が落ちるような感覚とともに、「ああ、そうだったのか！」という思いをする。そのような状況ではいったい何が起こっているのだろうか。

ある事項・対象を理解するとは、それを何々として理解するということに他ならない。そしてこの「何々として」という見方の背後にはそれに応じた世界観や暗黙の理論が広がっている。疑問に思っていた事項が何かの偶然から、慣れ親しんだ文脈の中ではなく他の文脈の中におかれることで新たに解釈し直される。矛盾が突然に解消されたり、脈絡なくバラバラになっていた知識が急に結びつく、その瞬間に、「なるほど」「ああ、そうだったのか」という悟りのような感覚が生まれる(43)。

科学の理解と宗教的悟りとは、一般に考えられているほどかけ離れたものではない。「わかったぞ！」という叫び声をあげ、裸であるのも忘れ家の外に走り出したというアルキメデスの逸話と、宗教的悟りとはどこか共通するものがある。ウィリアム・ジェームズは、宗教的回心が生ずる場面を、まず自己が一旦解体された後にまったく新しい自己として再生される過程として分析している。古い世界観の結晶構造が溶解し、それまで絡み合っていた要素群が分離される。その解体作業に伴って自己同一性が破壊され不安にさいなまれる日々が続く。しかしある時、何かの原因から新しい結晶構造へと瞬間的に再編成され悟りにいたる(44)。

仏教の説話に、我が子を失って悲観にくれる若い母の物語がある。なんとかして赤ん坊を生き返らせて欲しいと母親は会う人ごとに訴えていた。人々は彼女に同情し、ゴータマ・ブッダという評判の高い僧に頼めば奇跡を起こして子供を生き返らせてくれるかもしれないと勧める。希望に燃えた母親は死んだ子供を抱いて仏陀に会いに行く。「それは気の毒な話だ。赤ん坊を生き返らせてあげるから、村へ帰って芥子の実を二三粒貰ってきなさい」と指示する仏陀の言葉に従い、彼女は喜んで走り去ろうとする。その時、「ただし、その芥子粒はいままで死者を一度も出したことのない家から貰ってこなければならない」と仏陀は付け加える。半狂乱の母親には仏陀の真意はまだ計り知れない。村にとって返した彼女に村人は喜んで芥子粒を提供しようとする。しかし第二の条件に対しては、「とんでもない。うちでは父や母だけでなく、子供も亡くしている」というような返事しか聴くことができなかった。最初のうちは希望を捨てずに尋ね歩くが、家から家を駆けめぐるうちに彼女にも仏陀の言葉の意味が分かってきた。ほとんど村をまわったころには彼女の狂乱も消え去り、すがすがしい気持ちになっていた[45]。

母親が悟りを開いたのは、生きとし生けるものには必ず死が訪れるという事実を知ったからではない。そんなことは初めから彼女にもわかっている。事実から確信への論理飛躍がそこにある。対岸にうまく到達できるかどうか確実ではないけれど、大丈夫だろうと信じて跳ぶ。どこかで思考を停止して信じるからこそ、虚構を受け入れることができるからこそ、人間の生が可能になっている。

この章では、民族同一性を根本から支えている記憶の働きをいろいろな角度から検討し、記憶は単なる経験の積み重ねではあり得ず、次第に構築される虚構の物語として理解しなければならないと説いた。しかし記憶の虚構性を明らかにした目的は、我々の同一性を支える記憶の脆さ、その根拠の薄弱さを告発し単に世界を相対化することなどではまったくない。それどころか、そのように虚構を消極的に捉える発想こそをしりぞけ、世界の同一性と変化とを同時に可能にする源泉として、積極的な角度から虚構を把握しようとここまで努めてきたのだった。

註

(1) J. Locke, "Of Identity and Diversity", *An Essay concerning Human Understanding* (2nd ed.), Book II, chapter xxvii, 1964 (英仏対訳 *Identité et différence. L'invention de la conscience.* Traduit et commenté par E. Balibar, Paris, Seuil, 1998). 邦訳、ロック、大槻春彦訳『人間知性論』(岩波文庫、一九七二—七七年) ほか。

(2) G. H. Mead, *Mind, Self, and Society: From the Standpoint of a Social Behaviorist*, edited by C. W. Morris, Chicago, The University of Chicago Press, 1934 を参照。邦訳、ミード、河村望訳『精神・自我・社会』(人間の科学社、一九九五年) ほか。ミードの言及する"I"はデカルト的コギトのようなものではない。そのように理解すると、まるで社会関係から独立した主観的契機が存在するかのごとき錯視をもたらしてしまう。主体はそれ自体を取り出そうとしても不可能な契機として、つまり社会からやってくる外的価値に対して常にズレをもたらす契機としてしか捉えられない。ミードの言及するＩの近似的概念を探すならばフロイトのエスを考える方が適切であろう。ちなみに他者の反応や態度の内在化したものを意味するミードの“Me”はフロイト理論においては超自我に相当し、ミードの“Self”がフロイトの自我にあたる。R. M. Farr, *The Roots of Modern Social Psychology*, Oxford Blackwell, 1996, p. 125; J. Laplanche & J.-B. Pontalis, *Vocabulaire de la psychoanalyse*, Paris, PUF, 1967, p. 241. 邦訳、ラプランシュ・ポンタリス、村上仁監訳『精神分析用語辞典』(みすず書房、一九七七年)。

(3) L. Festinger, *Theory of Cognitive Dissonance*, Evanston, Row, Peterson, 1957. 邦訳、フェスティンガー、末永俊郎監訳『認知的不協和の理論——社会心理学序説』(誠信書房、一九六五年)。

(4) J. W. Brehm & A. R. Cohen, *Explorations in Cognitive Dissonance*, New York, Wiley, 1962.

(5) P. G. Zimbardo, M. Weisenberg, I. Firestone & B. Levy, “Communicator Effectiveness in Producing Public Conformity and Private Attitude Change”, *Journal of Personality*, 33, 1965, p. 233–255.

(6) 一九八〇年代の半ばにすでに千本以上の論文が発表されている。J. Cooper & R. H. Fazio, “A New Look at Dissonance Theory”, in L. Berkowitz (Ed.), *Advances in Experimental Social Psychology*, t. XVII, New York, Academic Press, 1984, p. 229–266.

(7) 例えば、科学の権威の下に正当化されれば、六五%にものぼる被験者が罪なき人に対して四五〇ボルトの電気ショックを与えて拷問してしまうという驚くべき結果を示したミルグラムの実験を参照せよ。S. Milgram, *Obedience to Authority. An Experimental View*, New York, Harper & Row, 1974. 邦訳、ミルグラム、岸田秀訳『服従の心理——アイヒマン実験』(河出書房新社、改訂版一九九五年)。

(8) S. J. Sherman, “Internal-External and its Relationship to Attitude Change under Different Social Influence Techniques”, *Journal of Personality and Social Psychology*, 26, 1973, p. 23–29.

(9) C. W. Greenbaum, “Effect of Situational and Personality Variables on Improvisation and Attitude Change”, *Journal of Personality and Social Psychology*, 4, 1966, p. 260–269. 知能指数が高い者の方が、低い者に比べてより影響を受けやすい事実も報告されているがそれも同じ理由による。W. A. Watts, “The Effects of Verbal Intelligence on Opinion Change under Conditions of Active and Passive Participation”, Western Psychological Association, San Francisco, 1971, cited *in* S. J. Sherman, art. cit. 参照。またここに挙げたような状況でなくとも、自ら判断しようとして他者による影響に抵抗する者ほど一般により深い影響を受けることが実証されている。例えば、S. Moscovici & B. Personnaz, “Studies in Social Influence V : Minority Influence and Conversion Behavior in a Perceptual Task”, *Journal of Experimental Social Psychology*, 16, 1980, p. 270–282; S. Moscovici & M. Doms, “Compliance and Conversion in a Situation of Sensory Deprivation”, *Basic and Applied Social Psychology*, 3, 1982, p. 81–94 などを参照。日本語による

解説としては、拙著『異文化受容のパラドックス』(朝日選書、一九九六年)第七章、特に一七七—一八一頁を参照。

(10) むろんこのような区別は相対的なものでしかない。一般に、社会階層を上昇すればするほど、また学歴が高くなればなるほど個人主義的になる傾向は実証的に確認されている。J.-L. Beauvois, *La Psychologie quotidienne*, Paris, P.U.F, 1984; N. Dubois, *La Psychologie du contrôle. Les croyances internes et externes*, Grenoble, Presse Universitaires de Grenoble, 1987.

(11) 日本人の方が西洋人よりも影響されやすいという常識がそもそも怪しい。アメリカ人よりも集団主義的であるはずの日本人はより同調度が高いであろうとの仮説の下に行われた二つの実験において、研究者の予想を裏切ってアメリカ人被験者よりもはるかに低い影響が観察されている。R. Frager, "Conformity and Anticonformity in Japan", *Journal of Personality and Social Psychology*, 15, 1970, p. 203–210 および佐古秀一、大阪大学卒業論文(一九七五年)(我妻洋『社会心理学入門』上巻〔講談社学術文庫、一九八七年〕、五八—六四頁から引用)。この実験結果の解釈については、前掲拙著、二二五—二二八頁を参照。

(12) 自律しているという錯覚は老若男女を問わず、また文化の差を超えた人類共通の特徴だが、その中で鬱病のような精神障害を煩う人々だけはこの虚構がうまく働かない。そのために治療の一環として、自律しているという錯覚を持たせようとする場合がある。例えば次の研究を参照。E.J. Langer & J. Rodin, "The Effects of Choice and Enhanced Personal Responsability for the Aged: A Field Experiment in Institutional Setting", *Journal of Personality and Social Psychology*, 34, 1976, p. 191–198.

(13) M. S. Gazzaniga, *The Social Brain: Discovering the Networks of the Mind*, New York, Basic Books, 1985 (tr. fr. *Le Cerveau social*, Paris, Odile Jacob, 1996, p. 101–103). 邦訳、ガザニガ、杉下守弘・関啓子訳『社会的脳——心のネットワークの発見』(青土社、一九八七年)。

(14) 催眠術などという特殊な状況でなくとも、合理的な説明を捏造する傾向は頻繁に確認されている。例えば、N.R.F. Maier, "Reasoning in Humans: II. The Solution of a Problem and its Appearance in Consciousness", *Journal of Comparative Psychology*, 12, 1931, p. 181–194; R.E. Nisbett & T.D. Wilson, "Telling More than We can Know: Verbal Reports on Mental Processes", *Psychological Review*, 84, 1977, p. 231–259 を参照。

(15) 高速でまわる時計の針の動きを同時に観察させ、どの位置に針が来たときに指を動かす意志を覚えたのかを被験者に尋ねた際の回答と、意志の発生を示す脳波信号の時期は一致している。

(16) B. Libet, "Unconscious Cerebral Initiative and the Role of Conscious Will in Voluntary Action", *Behavioral and Brain Sciences*, 8, 1985, p. 529–566; ——, "Are the Mental Experiences of Will and Self-Control Significant for the Performance of a Voluntary Act?", *Behavioral and Brain Sciences*, 10, 1987, p. 783–786; ——, "The Timing of a Subjective Experience", *Behavioral and Brain*

Sciences, 12, 1989, p. 183–185.

(17) W. Grey Walter, *Presentation to the Osler Society*, Oxford University, 1963, cit. *in* D. C. Dennett, *Consciousness Explained*, Little, Brown and Company, 1991 (tr. fr. *La Conscience expliquée*, Paris, Odile Jacob, 1993, p. 211–212). 邦訳，デネット，山口泰司訳『解明される意識』(青土社，一九九八年)。

(18) M. Supa, M. Cotzin & K. Dallenbach, "Facial Vision: The Perception of Obstacles by the Blind", *American Journal of Psychology*, 57, 1944, p. 133–183.

(19) A. Delorme, *Psychologie de la perception*, Montréal, Études Vivantes, 1982, p. 12.

(20) B. W. White, F. A. Saunders, L. Scadden, P. Bach-y-Rita & C. Collins, "Seeing with the Skin", *Perception & Psychophysics*, 7, 1970, p. 23–27.

(21) R. Campbell & B. Dodd, "Hearing by Eye", *Quarterly Journal of Experimental Psychology*, 32, 1980, p. 85–99; B. Dodd, "The Role of Vision in the Perception of Speech", *Perception*, 6, 1977, p. 31–40.

(22) O. Sacks, *The Man who Mistook his Wife for a Hat*, Gerald Duckworth & Co., 1985, ch. 1. 邦訳，サックス，高見幸郎・金沢泰子訳『妻と帽子をまちがえた男』(晶文社，一九九二年)。

(23) J. Pérez Siller (Ed.), *La "Découverte" de l'Amérique? Les regards sur l'autre à travers les manuels scolaires du monde*, Paris, L'Harmattan/Georg-Eckert-Institut, 1992. 特に統計解析を基にした総括的考察を行った T. Kozakai & J. Pérez Siller, "Les regards sur l'Autre: esquisse d'atlas des discours scolaires", p. 299–315 を参照。

(24) A. Saa, "Découverte ou croisade?", *in* J. Pérez Siller (Ed.), *La "Découverte" de l'Amérique?, op. cit.*, p. 157–170.

(25) 分析された南ア共和国の教科書は一九八五年から一九八七年に発行されている。したがって，異人種間の結婚を禁止する背徳法などが廃止され，アパルトヘイト消滅に向けて大転換をしている最中の時期にあたっている。しかし教育制度などにおいて実際に差別が消滅するのは後のことであり，これらの教科書の内容はアパルトヘイト廃止以前の公式見解に沿っている。A. Hol, "Le regard du regard du regard de l'Autre", *in* J. Pérez Siller (Ed.), *La "Découverte" de l'Amérique?, op. cit.*, p. 181–205.

(26) V. Pugibet, "Nous avons aussi découvert l'Amérique", *in* J. Pérez Siller (Ed.), *La "Découverte" de l'Amérique?, op. cit.*, p. 53–86.

(27) J. Pérez Siller, "De l'Amérique indienne à l'Amérique hispanique", *in* J. Pérez Siller (Ed.), *La "Découverte" de l'Amérique?, op. cit.*, p. 19–44.

(28) J.-D. Mellot, "La petite Europe des acteurs. . . Cinq siècles après", *in* J. Pérez Siller (Ed.), *La "Découverte" de l'Amérique?*, *op. cit.*, p. 89–110.

(29) 『中学校歴史教科書』(学校図書出版、一九七八年)一〇三頁。

(30) T. Kozakai, "Histoire d'un monde lointain", *in* J. Pérez Siller (Ed.), *La "Découverte" de l'Amérique?*, *op. cit.*, p. 219–237.

(31) 〈西洋/日本/その他〉という三項図式に関しては、吉田悟郎「自国史と世界史」比較史・比較歴史教育研究会編『自国史と世界史』(未来社、一九八五年)一七―三二頁。

(32) 日本人がどのように西洋世界と接してきたかについては、前掲拙著『異文化受容のパラドックス』、特に第四章を参照。

(33) S. Moscovici, *Psychanalyse, son image et son public* (1e éd. 1961), Paris, PUF, 1976.

(34) 上/下、左/右、陰/陽、善/悪、ポジティブ/ネガティブ、男性的/女性的、西洋的/東洋的などというように、二元対立は日常的思考の基礎をなす。民間健康法において酸性食品/アルカリ性食品などという分類が流行するのも同様の理由による。

(35) 告解の際、薄暗い懺悔室で信徒は神父と二人だけになり、他の誰にも話せない秘密を打ち明けるが、精神分析の場でも同様に、密室の中で患者は分析者に自らの秘密を語る。そしてどちらの場合にも、部屋を出た後に心の平安がもたらされる。

(36) E. M. Rogers, *Communication of Innovations: A Cross-cultural Approach*, 2nd ed., New York, Free Press, 1971(宇野善康監訳『イノベーション普及学入門』[産業能率大学出版部、一九八一年]、三―一〇頁).

(37) 熱とは分子の運動状態(平均運動エネルギー)についての表現であり、熱という要素が含まれているわけではない。したがってこの村人たちのことを無知だと笑う資格は我々にない。

(38) 目撃者の証言が様々な要因に左右され、事実とは異なった内容を簡単に信じ込んでしまう傾向は多くの実証研究によって明らかにされている。A. Bertone, M. Mélen, J. Py & A. Somat, *Témoins sous influences. Recherches de psychologie sociale et cognitive*, Grenoble, Presses Universitaires de Grenoble, 1995.

(39) 主客問題に関する入門書としては、竹田青嗣『現象学入門』(NHKブックス、一九八九年)、廣松渉『哲学入門一歩前』(講談社現代新書、一九八八年)、同『新哲学入門』(岩波新書、一九八八年)などがある。

(40) 大森荘蔵『時は流れず』(青土社、一九九六年)。

(41) 特によく知られているのは、T. S. Kuhn, *The Structure of Scientific Revolutions*, Chicago, The University of Chicago Press, 1962. 邦訳、クーン、中山茂訳『科学革命の構造』(みすず書房、一九七一年)。より手軽には、村上陽一郎『新しい科学論――「事実」は理論をたおせるか』(講談社ブルーバックス、一九七九年)、同『近代科学を越えて』(講談社学術文庫、一九八六年)などを参照。

(42) この点に関してはマックス・ヴェーバーの古典的考察がある。M. Weber, *Gesammelte Aufsätze zur Wissenschaftslehre*, Tübingen, Mohr, 1951 (tr. fr. *Essais sur la théorie de la science*, Paris, Plon, 1992). 日本語文献としては、世良晃志郎「歴史学とウェーバー」『岩波講座　世界歴史30 別巻』(一九七一年)、二九〇―三一六頁を参照。

(43) 科学パラダイムからもう一つのパラダイムへと移行する現象として、村上陽一郎はこの感覚を説明している。佐伯胖編『理解とは何か』(東京大学出版会、一九八五年)所収の「理解の文脈依存性」(第一章)を参照。

(44) W. James, *The Varieties of Religious Experiences* (1901–1902), New York, The Library of America, 1990. 特に p. 155–238.

(45) 長尾雅人「仏教の思想と歴史」『世界の名著　大乗仏典』(中央公論社、一九六七年)所収、二一―二三頁。

第5章　共同体の絆

民族とは何か。この問いに対して第1章と第2章で行った考察は、民族とは血縁連続性や文化固有性に支えられた実体ではなく、人間が歴史的に作ってきた虚構の物語だという結論を提出した。しかし民族共同体が虚構の産物なら、ユダヤ人虐殺に対するドイツ人の責任や、アジア侵略に対する日本人の責任はどのように理解されるべきなのだろうか。国家あるいは民族の名において行われた過去の犯罪に対する責任を現在生きる人々が償うというのは何を意味するのか。

ここで我々が集団的責任に関心を向けるのは、あくまでも集団あるいは共同体を支える論理構造を分析する手段としてであり、ドイツや日本に固有な戦争責任を論じたり(1)、あるいは責任概念自体を検討するためではない(2)。以下では、集団的責任を定立する考えには論理的飛躍があることをまず示す。次に合理的契約主義によっても集団的責任は説明できないことを明らかにする。そして共同体構成員の絆は何らかの虚構なくしては生み出され得ないことを説いてゆこう。

集団的責任の心理

集団的責任がどんな論理に貫かれているかを明確にするために、現在まさに共同体を構成している人々がその政策に対して負う責任と、共同体の名において過去になされた行為に対して後の世代の構成員が負う責任とに分けて検討しよう。第1章と第2章で区別した考察の枠組みにそって言うならば、前者はある時点において共同体に属する構成員の間の関係を扱い、後者は時間の隔たりを超えた世代間の連続性を問題にしている。

集団の総意を代表し、構成員の主権を委託される国家あるいは共同体の名においてなされる行為に対して、その時点で当該の国家あるいは共同体に属する構成員すべてが責任を負うという主張はそれほど大きな問題性を孕んでいない。日本国家の主権は日本国籍を有する人々全員に存し、また選挙権を有する人々全体によって日本政府が運営される。したがって日本国家の名において犯罪的行為が現在なされている場合には、その行為を阻止するだけの十分な努力をしなかったり、あるいはその政策を積極的に支持するのなら、日本国民一人一人あるいは少なくとも成人全員にその責任が発生するということに異議はなかろう。

もちろん、ヒトラーやスターリン、ポル・ポトのような独裁者によって国家権力が掌握されている状況においては、国家政策に抵抗することは非常に難しい。したがって、その社会に生きる庶民に対して責任を難詰することには慎重でなければならない。しかし指導者が大量殺人計画を企てても国民による有形無形の協力がなければ計画を実行できないのだから、やはり国民各人の責任問題を避けて通ることはできない。

集団的責任と呼ばれても、ここで問題になっているのは実は集団・共同体に属する各構成員の個人的責任であることに注意したい。すなわち犠牲者が受けた被害に対して、共同体の各構成員本人が直接あるいは間接にかかわるからこそ個人的責任が発生するのである。近代以前においては縁座・連座のように一定の集団に属することを理由に人を処罰したが、近代的法観念の下ではこのような集団責任の考え方は放棄され、集合罪(内乱罪・騒乱罪)のような場合でもその責任はあくまで当該の各個人に帰される。したがってある集団・範疇に属する個人が犯罪行為をなす場合、同じ集団の構成員であっても、犯人以外の他の個人にその責任を拡大することは誤っている。

イスラエル・パレスチナ問題が再び緊迫し始めた二〇〇〇年秋、投石や火炎瓶攻撃するパレスチナ人に対して、重装備したイスラエル正規軍が実弾で応酬する場面が世界中のテレビに映し出された。そして飛び火するように、フランス国内でユダヤ教のシナゴーグが火炎瓶攻撃を受けるという事件が頻発した。このような不条理な復讐劇に対してはすぐさま政治家や知識人だけでなく市民を広範に巻き込んだ反対表明がなされた。また「パレスチナ問題をフランス領土に輸入するな」というスローガンの下にユダヤ系市民とアラブ系市民とがそろってデモ行進するという一幕もあった。イスラエル兵士がパレスチナ人の子供を狙撃して殺しても、その責任がフランスに住むユダヤ系市民にあるはずがないのは明白であり、彼らに対する復讐を正当化することはできない(3)。

部分集合Aによってなされる行為に対して、その責任を他の部分集合Bに負わせることは近代的法概念においては認められない。当該の犯罪者(個人あるいは集団)が日本人だから(あるいは朝鮮人だから、黒人だから、男性だから)という理由で、他の日本人(あるいは朝鮮人・黒人・男性)に責任の一端があるなどと主張することは許されない。このような論理すり替えの詭弁性は明白である。

複数の部分集合の間で責任移転がなされるのは、範疇化から来る認知的錯覚を原因としている。「日本人」という抽象的範疇が作り出されることで、その部分集合(個人または複数)の個別な行為が一般化され、「日本人」という範疇自体の属性として認識される。そしてその後に各範疇の他の部分集合、すなわち当該の加害者とは別の日本人の属性に拡大解釈がなされるのである。この誤った範疇化・同一化がなければ部分集合間の責任移転は考えられない(4)。

では今度は時間軸に視点を移して世代間における責任の連続性を考えてみよう。今確認したように、集合的責任といっても最終的には個人的責任に還元されなければならないとすると、共同体の名において現在なされている行為に対する責任ではなく、過去においてすでになされてしまった行為に対して、その当時生まれていなかった、あるいは幼少だった個人が責任を取るという場合は、いったいどういう意味を持つのだろうか。例えば、数百万人のユダヤ人が虐殺されたショアに対する責任は、その当時生まれていなかった世代のドイツ人にどうして引き継がれ得るのだろうか。戦後生まれの日本人が大日本帝国の戦争責任を負うというとき、それはどんな論理に支えられているのだろうか。

より一般化して言うならば、ある世代全体が構成する部分集合(O)がなした行為の責任を、それ以前の世代が構成する部分集合(P)に属する個人や、それ以降の世代が構成する部分集合(Q)に属する個人に負わせる根拠はどこから出てくるのか。責任をめぐって複数の部分集合の間に何らかの連続性を措定しなければ責任移転は不条理である。したがってこの連続性の意味を明らかにすることが我々の課題になる。

行為に対する責任は、その行為を避け得るにもかかわらず阻止能力を行使しなかったり、あるいは率先して当該行為を実行する場合にのみ発生する。だから緊急避難と呼ばれる、さし迫った危難を避けるためにやむなく他人の法益を害する行為や、急迫不正の侵害に対して自己または他人の権利を防衛するためやむを得ず加害する正当防衛は刑事責任を問われない[5]。ところで当該世代(O)の行為を阻止する能力は、それ以前の世代(P)にもなければそれ以降の世代(Q)にもない。したがって責任移転は過去に向かっても、また未来に向かってもできないはずだ。

問題点を明確にするために個人の次元で考えてみよう。近代的法概念の下では親が殺人を犯したとき、その責任は当該の犯人のみに限られ、親の犯罪に対してその子供を罰することは認められない。江戸時代のように家が法処罰の単位・対象になっていた時は家族の一員が御法度に触れた場合、家に属する全員が処罰された。しかしそのような集団的責任の考えは近代国家では否定されている。

逆に子供が殺人を犯した場合はどうだろうか。犯人が未成年であり法的責任能力がない場合は、その親にある程度の監督責任が問われる。しかしそれはあくまでも監督不行届あるいは教育の不備に対して責任を負うという意味であり、子供が殺人を犯したからといって、監督を怠った両親が子供の代わりに殺人罪に問われるわけではない。

このように、教育によって子供の行動に対して何らかの影響を行使し得るという意味において、子供の行為の責任の一部を親が負うことはあり得る。しかしその反対に親の行為の責任を子供が肩代わりすることは、親を教育する義務が子供にあると考えることができない以上まったく不条理である。

同様に、世代間を越えて責任移転の正当性を考える場合に、次世代の教育義務が現に生きる人々に課せられているという意味において、過去の世代が未来の世代の行為に対して責任を負うという発想は可能かもしれない。しかしその反対に過去の世代の行為に対して未来の世代が責任を持つことは、教育効果が世代を遡りできない以上、論理的におかしいと言わざるを得ない。したがって過去の世代が行った犯罪行為に対して、後代の人々が責任を負う根拠は出てこない。

しかし現実には論理的筋道とはまったく反対方向に、後の世代がなす犯罪行為に対しては無関心でいられても前の世代の行為に対しては責任を感じるのが普通だろう。この事実はまさに、我々の集団責任の感覚が論理とは別の原理によっていることを示している。

わかりやすくするためにまた個人の次元でまず考えてみよう。親が殺人を犯した際にその責任が子供にないのは誰の目にも明らかだ。しかしその子供当人にとっては自分の問題ではないと言って平気でいられるわけでない。敬愛する親が殺人犯として刑務所に入れられた事実自体を超えて、「殺人犯の子供」として自らの存在を親の状況に重ね合わせるから恥ずかしく思い苦しむのである。つまりここに現れている責任拡大の感情は、子が親に自己同一化をすることに由来している。

恥ずかしいという気持ちが生じるのは別に犯罪を為すのが親でなく配偶者であっても同じだから、血縁の連続性などがここに関係するのではない。あるいはひとりの日本人が猟奇殺人や異常な性犯罪を外国で犯した際に、それとは無関係な我々にも恥の感覚が生まれることは想像に難くない。この例からも責任移転・拡大の原因が心理的同一化にあることが理解されるだろう。

同様に、論理的思考が導く帰結とは逆に、未来の世代に対してよりも過去の世代に対して責任の共有が感じられるのは、未だ生まれておらず現実のイメージを形作っていない次世代は同一化の対象になりにくいのに比べて、過去の世代については、人生の一部を実際に共有する両親という具体的な対象以外にも、歴史という虚構の物語に支えられ確乎とした民族のイメージができているために心理的同一化がおきやすいからなのである。

ある時点において共同体を構成する複数の部分集合間での責任移転を可能にする範疇化とまったく同じ構造の論理的誤謬がそこに生じている。世代間の責任移転は、ある時点における共同体・国家(O)、次の時点における共同体・国家(P)、そしてさらに次の時点の共同体・国家(Q)……という世代群を一つの集合に括り、それを例えば「日本」という固有名詞の下に同定することで可能になっている。(6)

契約としての集団的責任

共同生活を円滑にするために人間は様々な擬制を生み出してきた。例えば組織を法人と呼び、法律上あたかも一人の人間であるかのように扱っている。もしこのような擬制が機能せず法人の連続性が認められないならば、銀行に金を預けることさえ不可能になる。預金した金額をおろそうとして銀行に行ったとき、「代表取締役社長の交代にともない、あなたが預金した銀行は先週で消滅しました。今の銀行は同じ名称でも実質は別の存在なので返金できません」と窓口で言われるようでは銀行業務は成り立たない。

あるいは第二次大戦中にナチスによって財産没収されたり家族を虐殺されたりしたユダヤ人、そして日本軍によって強制的に性奴隷にされた「従軍慰安婦」などについても、第三帝国や大日本帝国は一九四五年の敗戦をもって解体し、現在のドイツ国家および日本国家は別の存在である、したがって謝罪や補償を求めるのは誤っているという論理がもし認められたら、被害者の方としては堪ったものでない。

このような擬制は社会契約的観念として不可欠なものであり、虚構ではあってもそれを仮想的実体として我々は認めている。人間どうしで人工的に定めた約束としてこのような擬制は機能しているのであり、その意味ではスポーツや囲碁・将棋などの規則と本質的には変わりない。構成員が刻々と代替するという事実の前で、法律は擬制の連続性という虚構の物語を用いることを通して社会や国家の同一性を保証している。

フランスではナチス・ドイツに降伏してから一九四五年の解放までの期間、ヴィシー傀儡政権が成立していたが、「ヴィシー政権はフランス共和国の政府ではないので、その間に行われた行為の責任はフランスにはない」とミッテラン前大統領は一貫して主張し続けた。しかしその後、シラク現大統領は前任者の立場を覆して、ナチスの反ユダヤ人政策にフランスが協力した事実を公に認め、その責任を負う必要を説いた。この例でわかるように、「国家の責任」「民族の責任」が成立するためには国家や民族の連続性が前提されている。

エルンスト・カントーロヴィッツに依拠してすでに述べたように、構成員が入れ替わるにもかかわらず共同体自体は永続するという考えが中世の神学者や法学者によって次第に形成されていった(7)。

中世初期の頃の税金は定期的に徴収されず、王の息子が戴冠するための費用や娘の結婚持参金を捻出しなければならない場合や、王国が敵に攻撃された際に必要な軍事費を募る場合など、特定の目的を果たすためだけに課税が行われていた。ところがそのような徴税方式では王国の財政が安定しないため、中央権力は定期収入が得られるような改革を導入する。初めは臨時の性格しか持たなかった税徴収が次第にその意味を変質させ、年の一定の時期に課せられる通常税の性格を持つようになる。必要があるつどに組織される臨時的な政治・行政機関としての性格から、このような経緯をへて王国の概念は少しずつ変質し、連続して維持される組織としての国家概念が成立したのだった。

国家・共同体が連続しているという感覚が生まれた状況は、このような経済的要因以外に、ちょうど同じ頃に現れた哲学思想の変化にも対応している。アウグスティヌスの影響下にあった当時のヨーロッパでは、時間は永遠に流れるものとしてではなく、太陽・月・人間・動物・植物と同様に、創世され終末に至れば消え去る運命にある有限の存在として捉えられていた。しかしアリストテレスの哲学がアラブ世界を媒介にして再発見されると、時間が経つと消え去る運命にある個人や個物とは別に、それらを包括する類や種自体は永久に存続すると考えられるようになった。

マックス・ヴェーバーが説くように、政治共同体が成立する際には必ず、構成員が共通の先祖を持ち血縁的連続性を保っているという神話が自然に生み出される。その意味では、共同体の連続性は中世になって初めて現れた感覚ではない。しかし政治機構としての国家あるいはそれに準ずる機関の連続性は太古から認められていたわけでなく、政治中枢権力とそれに対抗する勢力との間の抗争を経て歴史的に成立した観念だった。すなわち哲学者の描く世界観の変容に助けられながら、政治権力の都合上、国家の連続性という虚構が作り出され、一般にも受け入れられるようになったのである。

国家あるいは共同体の連続性は、社会が機能するために必要な条件として擬似的に想定された契約的観念である。ということは、もしこのような社会契約を受け入れず、国家あるいは共同体の連続性を否定できれば集団的責任は発生しないという帰結が導かれるだろう。したがって、共同体虚構から逃れる可能性があるのかどうかを検討することが、集団的責任を考える上で重要になる。

「個人として生きているのであって、私は自分のアイデンティティを日本人であることにはおいていない」と嘯くだけではもちろん何にもならない。そのような意識を持っていたとしても、私の存在は「日本」という名の虚構に否応なしに絡め取られている。意識しようとしまいと、日本と呼ばれる政治共同体に帰される行為群が生み出した歴史的条件に私はどっぷりと浸っている。その条件から離脱することが不可能ならば、日本という虚構と自分は無関係だと言ってみたところで虚構を排したことにはまったくならない。

現在の日本の状況においては、日本人として生まれるか朝鮮人として生まれるかによって子供の一生は大きく左右される。就職や結婚に際しての差別は言うまでもなく、住居を探したり融資を受けたりする場合に出会う困難など、様々な障害が在日朝鮮人の行く手に立ちはだかっている。日本に生まれ、日本人と見かけはまったくかわらなくとも、また日本語を唯一の言語として育ちながらも日本人には経験されない苦労が朝鮮人に覆い被さる。物心がつくまで自分が朝鮮人だと知らない子供もいる。それまで日本人の友達と何ら違いがないと思っていたのに、ある時、いわれのない差別にさらされる自分を発見する。それは共同体虚構が現実に機能し続けているからだ。

イスラエル国籍のユダヤ人でありながら、パレスチナ人を擁護しイスラエル国家の政策に対してきびしい批判活動を続ける作家は次のような告白をしている。

私がユダヤ人だということは単なる家系上の偶然に過ぎないと思ってきたし、今もその考えは変わらない。しかし、私の家族は宗教も信じなければシオニズムにも荷担していないのに、ユダヤ出自だというだけのことで殺された。私がどんなことを述べようとも、どんな行動を取ろうとも、人々は私のことをユダヤ人として扱い続ける。また私が拒否するにもかかわらず、イスラエル国家は私の権利を代表していると言い張る。だから、「ユダヤ人共同体に対して」私もある程度の連帯を示さないわけにゆかないのだ。いやいやながらもユダヤ人として生きるほかないのだ。(8)

日本国籍を放棄するだけでなく、日本国家に属することをすべての次元において拒絶することが可能でない限り、「日本」という名の歴史的に育まれてきた虚構から逃れる術はない。

理解を助けるために、親の遺産を相続する場合を考えてみよう。遺産相続の対象には不動産などの財産の他に、親が返すことのできなかった負債も含まれる。したがって遺産相続とは、死亡した人(被相続人)の財産に属した一切の権利と義務とを一定の親族(相続人)が包括的に承継することを意味している。それにあたって負債を引き取りたくない相続人は、相続による財産承継を拒絶する意思表示を家庭裁判所に対してしなければならない(民法第五編「相続」)。

同様に共同体の連続性に関しても、都合のよい部分だけは継承して負債は拒否するというのでは、倫理上許されないという以前にそもそも契約の論理にあっていない。

したがって、過去にとった植民地政策が日本の近代化に貢献した事実を否定できないならば、そのために損害を受けた朝鮮人や中国人などの現在の状況に対して、今日の日本人が無関心でいることは許されないという帰結が論理的に導かれる。共同体虚構から人間は自由になり得ないのであり、前の世代から受け渡される正と負の遺産を拒否することはほとんど不可能に近い。それがまさに人間が歴史と社会に規定された存在だという意味ではないか。

あるいは「先祖の土地」という表現をとってもよい。「我々の先祖が元々住んでいた土地だから、我々のもとに返還されるべきだ」という主張は、奪われた当人に土地が返還されるのでなく、後代の他者(それが実の子供であっても)に対する土地譲与が要求されているのだから、その点だけを考慮すれば確かに論理的には飛躍している。しかし日本列島に住むアイヌ、オーストラリアのアボリジニー、南北アメリカ大陸のインディアンなどを考えても、過去からの負の遺産を彼らが否応なしに引き継がなければならないような虚構の連続状況がある限り、その現実を棚に上げて彼らの苦悩に背を向けることは正当でない。

同様に、「先祖の恨み」という観念も、虐待を受けたのは先祖であって今日に生きる人々でない以上、その点だけからみれば恨みを持つのは過去の人々への心理的な同一化の結果にすぎない。しかし民族虚構が実際に継続し、植民地政策や民族虐殺など過去の出来事の後遺症を今でも現実に引きずらされている在日朝鮮人やユダヤ人に対して、負債が連続している事実を無視して「過去の軋轢はもうそろそろ水に流してはどうか」などと言ってみても、説得力を持ち得るはずがない。

契約とは何か

しかし、共同体の歴史を継承するということの意味をこのような合理的発想に基づいた契約的側面からだけ捉えるのでは問題の核心を逸してしまう。民族や国民という名で呼ばれる政治共同体はルソーが考えたような社会契約の結果として存立するのではない。

その点を明確にするために、どうして人間は契約を結ぶのかという素朴な問いかけをしてみよう。複数の個人が何らかの関係を持つために契約を締結すると常識的には考えられているが、それは契約の性格に対する誤解にすぎない。経済活動だけでなく教育・政治・宗教などすべての次元において、他者との協力関係なしに人間は生きられない。契約などしなくとも否応がなしに人間は他者と関係を持たざるを得ない。

では、どちらにせよ相互関係を不可避的に持つ人間のあいだに取り交わされる契約とはいったい何なのか。法律という名の社会契約あるいは個人どうしが取り結ぶ民事契約から発生するのは権利と義務である。権利を持つ者はその履行を要求でき、またその相手にとって権利を満足させることは義務になる。ところで義務を果たすだけの相手に対しては感謝する必要もなければ恩を感ずる理由もない。例えば失業手当を受け取りに職業安定所に行くとしよう。手当の支給が法律や労働契約によって保証されている以上、「国に感謝しなさい」などと窓口の職員が説教をたれることは許されない(9)。

このような関係においては精神的債務が当事者の誰にも生じないことに注意しよう。権利が行使される瞬間にお互いの関係は決済され、当事者の関係はそこで終了を迎える(10)。つまり契約とは、人間関係をできるだけ排除しながらも同時に、必要な物資・労働力・情報などの交換を複数の個人の間で可能にする社会装置なのである。

この近代的人間関係様式はますます適用範囲を広め、例えば医者と患者との関係のように従来は信頼に重きがおかれていた領域にまで今日では契約主義的発想が浸潤し、医療現場における新しい関係が模索されている。人間を合理的かつ自由な個人として捉える現代社会は、人間どうしが取り持つ諸関係における曖昧な部分を権利・義務という形で明文化することを通して減らし、紛争の調整を図っている。

しかし人間関係はいつも権利・義務という形をとって営まれるのではない。親切心から何らかの施しを受ける場合には相手に対して「借りがある」状態が発生し、その「借りを返す」までは精神的次元において収支不均衡状態が続く。そしてたいていの場合、借りは数量化できない。人間は意味の世界に生きる存在であり、物的・精神的であるを問わず贈与行為の価値は、経済法則の支配する市場のように価格という均一な量で計ることができない(11)。したがって借りの重さは曖昧なまま限定されず、どれだけの恩返しをすれば収支が均衡するのかを定めようとしても、お互いの感覚に頼る他に術がない。

このような人間関係の煩わしさを嫌って、できるだけ初めから金銭の授受ですまし、精神的負債を背負い込まないようにする傾向が現代社会では強い。例えば引っ越しの手伝いを友人に頼む代わりに引っ越し業者を雇ったり、あるいは家に交互に招待しあって夕食を共にする代わりに初めから割り勘で外食にすることが好まれる。知人に施しをしてもあるいは知人から施しを受けてもどうせ周りめぐって戻ってくるのだから、初めから収支均衡を図っておいた方が合理的なような気もする。お歳暮の習慣に対して、受け取った贈与の価値に等しいものを送り返すぐらいなら、お歳暮のやりとりを廃止して欲しいものを各自で買った方が、役に立たないものを貰って持て余すこともないだろうにと誰しも一度は思ったことがあるに違いない(12)。

しかしいかに近代個人主義が幅を利かせても、現実の人間世界は直接的な相互関係を抜きにして成立し得ない。確かに、強固な信頼がなければ即時の決済を要求せざるを得ないし、返済を確実に保証する契約を結ばなくてはならないだろう。また勘違いを避けるために最初から細々とした取り決めをしておく必要も出てくるに違いない。しかし信頼はこれらの用心をすべて無用のものにしてしまう。お互いに信頼していればいるほど、人と人との間に行われる交換の収支決済は曖昧であってよい。信頼に支えられていれば公平な決済が保証されると主張しているのではない。反対に、収支均衡がとれているかどうかなど問題にならない、あるいはより正確には、収支均衡がとれない状況を積極的に受け入れられる状態を信頼関係と呼ぶのである。

本来の人間関係における収支勘定は各瞬間瞬間に決済されるのではない。長い時間をとって初めて収支均衡が得られる場合もあれば、親子関係のように当事者どうしの間だけでは収支決済されない場合もある。養育にかかった労力と費用を子から返してもらおうと願う親はまずない。また子供の方でも育ててもらったことに対する物心両面にわたる負債を全部返済しようとは考えないし、またそのようなことが可能だとも思っていない。そしてその「借り」は次の世代に持ち越される。施しを受けた親に「借り」を直接返す代わりに、自らの子供に施そうと欲し、またそれでよしとするところから世代間のつながりが生まれる。「貸し借り」の関係が小さな輪の中で完結してしまわないで、決済がどんどん先に持ち越されることを通して、外に開かれた関係群が作り出されてゆく。

負債を永久に返し合うことを通して人間は相互に結びつけられている。人と人との絆は精神的負債の別名だと言っても過言ではないだろう。「お互いに借りを作らない」という契約的発想が目指す人間関係とは結局、人間無関係に他ならない。もし権利の明示化が完全になし得るならば人間の世界には信頼というものは必要でなくなるだろう。しかしそのときはまた、人間が人間であることをやめるときに違いない。

長い歴史を通じて人間は、物資の交換をする場合においても経済の純粋な枠内だけで関係を結んできたのではなく、必ずそこに物資を越えた次元で象徴的意味を持つ様々な人間関係を営んできた。本来、人間はモノと直接に接するのではなく、必ず他者との媒介を通して間接的にモノと関係を持つ。しかし近代が生み出した個人主義イデオロギーは事態をまったく逆転させ、まず個人とモノとを直接に結びつけ、それからモノを媒介にして他者との相互関係を捉えるという倒錯した発想を据えたのだった(13)。

社会契約論の敗北

人間関係をできるだけ断ち切りながら同時に社会を機能させようという倒錯した発想には根本的な無理がある。ルソーの社会契約論は、このような近代的人間観を極限にまで突き進めた試みである。以下に彼の思想の骨子をたどりながら、契約主義的発想は人間の自由を破壊し、ついには全体主義社会を生み出してしまうという逆説を示そう[14]。

ルソーによれば人は誰でも自己保存欲を持っており、その限りにおいて欲望は正当かつ自然なものだと考えられる。しかし本当には必要としていないのに、単に他の人が持っているという理由から自らも同じ物を欲しがるような模倣的欲望は見せかけのものであり、否定されなければならない。真の欲望は、自らの幸福を望む「自己愛(amour de soi)」から発生し、他者とは独立に自らに必要なものだけを欲することを意味する。

それに対して、自らにとって本当には必要でないにもかかわらず、隣人が持っているというだけの理由から同じものを欲しがるのは「自尊心(amour-propre)」のせいだとルソーは批判する。対象の価値あるいは必要性が他者を媒介にして間接的に決まるような状況では人間は主体性を失い、したがって自由であり得ない。社会における諸悪の根元は、必要でないものを欲しがったり、あるいは自らが本当に必要とする以上の量を欲しがる悪癖にある。そこから嫉妬心が生じ、奪い合いの闘争が生まれる。したがって自由かつ平等な理想的社会を建設するためには、まずこの他律的な「自尊心」を社会から抹殺することが前提となる[15]。

他者との比較から発生する他律的な「自尊心」を似非の欲望として断罪し、その代わりに唯我論的な「自己愛」の確立をルソーは説いた。しかし欲望はそもそも他者との相互関係を離れてはあり得ず、主体と対象との間の直接的な二項関係で捉えることはできない。

欲望を意味する英語の desire やフランス語の désirer という動詞はラテン語の desiderare から派生し、「何かの欠如または誰かの不在を名残惜しく思う」というのがその原意である。『広辞苑』の「欲望」という項を引いても「不足を感じてこれを満たそうと望む心」という説明が出ている。ここで、何かが客観的に欠如するだけではそれを不足として感ずることはないという点に注意しよう。すなわち他者の状況や自己の過去と比較して、そのものを保持することが可能な範囲に入り、したがってその欠如がある意味で異常だと感じられる事態になって初めて欲望が生まれてくる。すでに一度手に入れたもの、またはほとんど手に入ったと思ったものが結局は手に届かないという状況で発生するのが欲望であり、他者だけでなく自分にだって所有できるはずだという思いから起きてくるのが欲望である。したがって、それは孤立した我々の内部に根拠を持つものではない。

美しい人に出会うだけでは恋愛感情は必ずしも生まれない。自分の射程距離から遙か離れたところに憧れの人がいると感じている間は抗しがたい欲望は現れない。その人と愛情を分かち合えるのではないかと感じられる状況になって初めて狂おしい欲望が起きてくる。あるいは、最初は気にもとめていない相手であっても、その人に注目するライバルを身近に感じたとき、にわかにその人を独り占めにしたいという欲望が生じてくる。つまり、他者の目を気にする「自尊心」に汚染されない純粋な「自己愛」を析出するというルソーの試みは原理的に不可能なのである。(16)

しかしルソーの理論に再び戻ろう。我々の目的は彼の思想が出発点から誤っていることを確認することではなく、近代的個人主義を極限まで突き詰めたときに構築される世界がどんな様相を呈するのかを見届けることにある。

他者との比較から「自尊心」が生まれるのだから、それを克服する最良でかつ唯一の方法は、他者との比較をしないように他者との相互関係をまったく断ち切って独立の個人として各市民が存立することだ。このような「自然状態」に人間をおいた上で心の底から沸いてくる純粋な欲望こそ、社会の構成員が本当に欲するところに違いない。したがってそれを基礎にして社会の規則をうち立てれば、自由と平等を重んじる理想的な社会を建設できるだろう。ルソーは言う。

人民が十分な情報をもって審議するときに、もし市民どうしの間でまったく意志の疎通がなければ、各人の間のわずかな相違をたくさん総合することから一般意志が生まれてくる。またそのようにして出される決議は常によいものだろう。[17]（強調引用者）

そのようにいったん隔離された孤独な個人の群を前にして、次の段階としてルソーは、お互いの自由を保ちながらも社会を有機的に組織するための方法を模索する。せっかく分離した個人を再び直接的関係で結んでしまっては意味がない。このようないわば水平的相互関係に代えて、各個人を国家に垂直的に直接かつ個別に結びつけるならば、各個人が自由を保ちながらも他者と健全な関係に入ることが可能になるとルソーは考えた。各個人を完全に隔離したうえで見定められる〈一般意志〉に従う限り、そこから派生する社会政策は共同体構成員にとって真の意味で正しいことになる。

では自由とは何か。私の自由とはそもそも私自身が欲する通りに生きられることだ。ところで、他者との比較の中で生まれる欲望すなわち「自尊心」は私の本来の欲望ではない。他者との比較を離れて「自己愛」の発露として私自身が本当に必要とするところを知るためには〈一般意志〉に問いかけなければならない。すなわち定義からして、「自尊心」に汚染された私の意志よりも、市民としての〈一般意志〉の方が、私自身の欲するところをよく知っていることになる。

そうならば、〈一般意志〉を遵守して定められた社会の規則に私の欲望・行為が合致しないような事態が生じたとき、〈一般意志〉に沿うように私の行動を強制的に律することは自由の侵害にはならない。それどころか反対に、他者との比較が原因で目が曇った私を解放して、「真の自由」を与えてくれることを意味する。したがって、個人的欲望の完遂を強制的に阻止され反感を覚えたとしても、そのような感情は単なる幻想にすぎない、その先にこそ私の本当に望むところがあるのだという帰結が導かれる。ルソー自身の有名な言辞を記そう。

> 実際のところ、人間として各個人が抱く特殊意志は市民として彼が持つ一般意志と異なることもある。彼に固有な特殊利益は公共利益とは違ったことを彼に語りかけるかもしれない。(……)
> したがって社会契約を空虚な言葉の羅列としないためには、何びとにせよ一般意志への服従を拒む者は、一般意志に服従するように社会全体から強制されるという暗黙の約束が社会契約に含まれなければならない。この約束が欠如するならば規則に実際の効力を与えられない。各人は強制的に自由な状態におかれるということを、このことはまさに意味している。[18](強調引用者)

〈一般意志〉が当人自身の心の奥底から出てきたものだという前提からして、〈一般意志〉に背く市民に対して服従を強要しても、そのことがまさに自らの真の欲望に従うことを意味する以上、市民の自由はまったく侵害されないという、ヒトラーかスターリンの言説と紛うような「論理」がかくて成立する。

> 自由でありながら同時に、自分以外の意志に服さなければならないなどということが何故起こり得るのかと問われるかもしれない。法律に反対しているにもかかわらず、その法律に服従させられる者がどうして自由だと言えるのだろうかと。
> それは問題の立て方が悪いのだと私は答えよう。市民はすべての法律に対して、つまり彼が反対したにもかかわらず通過した法律、そしてまた違反をしたとき彼自身を罰するような法律にさえ同意しているのだ。国家のすべての構成員がもつ不変の意志が一般意志であり、この一般意志によってこそ、彼らは市民となり自由になるのだ。[19](強調引用者)

ルソーの構想がはらむ恐ろしさは、ホッブズの政治哲学と対比させると一段とはっきりする。

社会構成員がほぼ均等な力を持っていれば、自らの欲望を満足させようとしてお互いが死闘を繰り広げるのは避けられない。したがって人々が平和共存するためには絶大な権力をただ一人の君主に集中し、その意志に市民が絶対服従するような状態を作り出す必要があると、『リヴァイアサン』を著したホッブズは主張した。すなわち、すべての市民を超越する無限に強大な権力を作り出し、それに対してすべての市民をまったくの無力状態におくことを通して、人々の間の闘争を阻止するのである[20]。

自らの運命を君主あるいは国家に完全に委ねる以上、各市民の個人的自由は当然ながら制限されるが、ホッブズの思想においてそれは必要悪として捉えられている。もし個人の自由を無制限に認めるならばすべての市民の平和共存はかなわないという構図においては、個人の利益と全体の利益は二つの相反し得る概念として理解される。したがって公共の利益に対して各個人が反乱することはあり得るし、また横暴な中央権力に対する人民の抵抗権が派生する論理的余地も残されている。

それに対してルソーの立論においては、自尊心から生ずる、各個人に固有な意志すなわち見せかけの自由を抑圧することがまさしく、自己愛から派生する一般意志に各市民を従わせ、真の自由を獲得させる条件になる。定義からして、社会契約の規定は、即、市民の欲するところとなり、個人の真の利益は全体の利益に等しいことになる。したがって、社会契約が正当な手続きを踏んでいったん批准されたならば、国家に対する人民の抵抗権はルソーの思想から論理上引き出すことができない。社会規範を受け入れられない逸脱者はまさしく八方ふさがりの状態に追い込まれてしまうのである[21]。すでに引用した部分の「市民となり、自由になる」という章句に、ルソーは次のような註を加えている。

ジェノアでは、監獄の前と、ガレー船に繋がれた囚人の鉄鎖の上に、この「自由」という言葉が記されている。この標語の用い方は巧みであり、また正しい。実際、市民が自由であることを妨げるのは、あらゆる種類の悪人たちだけだ。これらの悪人どもがすべてガレー船の苦役に処せられるような国ではもっとも完全な自由を享受できるだろう。(22)（強調引用者）

〈一般意志〉が制定する法律への強制的服従は自由の制限どころか、反対に自由へ向けての解放を意味する。このような真の自由の享受を拒否する者は憎むべき犯罪者、無知蒙昧な者、あるいは精神異常者以外にはあり得ない。したがって、監獄・再教育収容所・精神病院といったところで、彼らに適切な処置を施すべきだという冷酷な結論が導かれるのである。

個人主義と全体主義の共犯関係

ルソーの社会契約論を全体主義の先駆けとして断罪しようというのではない。そもそもそのような解釈は、人間解放を真摯に願う彼の意図を完全に裏切っている。ルソーの思想自体を超えて、個人の自由を重んじる近代的契約主義を極限まで突き詰めた時に、反対項に位置するはずの全体主義に行き着くという逆理が問題なのだ。論理を展開するうちにどこかでルソーは過ちを犯したのだろうか。

自由な個人が互いに結ぶ合理的契約の産物として社会を理解する、ルソーの立場は社会唯名論に近い。すなわち実在するのは各個人であって、社会という全体そのものを実体視する社会有機体説はしりぞけられている。ではそのような立場がなぜ社会実在論に変身し、最終的に個人の自由を抹殺してしまったのだろうか。実はこの逆説的展開は偶然ではなく、反対に個人主義を貫徹させようとしたからこそ、ルソーの理論は全体主義に向かわざるを得なかったのだ。

すでに、第3章で言及したように、近代政治哲学は宗教的虚構の物語に寄りかかることなしに社会秩序の根拠をうち立てるという画期的な企てを試みたが、この論理を最も先鋭な形で貫徹したのがルソーだった。しかし、そのように人間を超越した〈外部〉を否認すると、社会秩序の最終的根拠のありかを同時に失ってしまう。このジレンマに突き当たったとき、ルソーは曖昧な妥協を許さず、あくまでも個人の自由を死守する方向を貫き続けた。そこから各構成員を超越する〈一般意志〉なるものを導入する必要に迫られ、出発点と対局に位置する社会実在論に行き着いたのだ[23]。

近代政治哲学は、共同体の〈外部〉に位置する神という虚構に頼ることなく、社会秩序を合理的に根拠づけようとした[24]。しかしそのように虚構を完全に排除すると、各個人の生命・財産をお互いの横暴から守り、平和共存を図るための唯一可能な手段として、警察権力を始めとする、あからさまな暴力しか残らなくなってしまう。虚構を廃止しようと企てるとき不可避的に生じる問題をルイ・デュモンは鋭く指摘している。

> このような理論では、社会関係は結局のところ政治的次元に還元される。何故か。その理由はホッブズにおいて特に明らかだ。もし個人から出発するならば、社会生活は意識と力(あるいは「権力」)の生産物としてしか理解できない。まず、個人の単なる集合が集団へと移行するためには、「契約」すなわち意識的な取引や人工的な意図が要請される。そしてその後は「力」の問題となる。何故なら、この取引に個人がもたらすことの出来るものは暴力しか残っていないからだ。暴力の反対に位置するものは上下序列制度(ヒエラルキー)、つまり権威であり、社会秩序である。(……)結局、意識と合意に重きをおくことは、同時に暴力と権力を前面に押し出すことを意味している[25]。

マックス・ヴェーバーに依拠しながらすでに検討したように、強制力が剝き出しの暴力として現れるようでは社会秩序の維持は円滑に行われ得ない。「汝、殺すなかれ」という戒律が心理的に内在化され、その戒律の根拠を問うこともなく、「我、殺すことを欲せず」という自然な感情として機能しなければ共同体は成立しない。無理にいうことを聞かせる権力としてではなく、自ら従う気持ちを起こさせる権威の形をとって社会の規範は機能しなければならない。共同体を機能させている様々な虚構の物語を払拭し、意識化された合理的関係で置き換えることは所詮無理なのだ。

ここで見届けた個人主義から全体主義へのずれ込みはルソーの思想だけに限らない。一般的常識では、個人主義と全体主義はそれぞれ正反対に位置する二つの極として捉えられている。しかし実は、ヒトラー指導のナチズムやスターリン支配下のソ連全体主義は歴史的にもまた論理的にも個人主義と深い相補関係を持っていた。『全体主義の起源』の中でハンナ・アーレントが述べているように、家族や村などの中間組織から個人を引き剝がし、いったん孤立・原子化させた上で、それら個人の群を垂直的に国家と直結させることで全体主義社会が実現した。例えばスターリンが推進した一九二八年の第一次五カ年計画について、「階級を大衆に変質させ、同時に集団内におけるすべての連帯感をうち砕くことは、完全な支配をするための不可欠な条件である」とアーレントは分析している(26)。またルイ・デュモンは、ナチス・ドイツを支える思想構造の根幹を個人主義的であると規定し、「個人主義がすでに深く浸透した社会において、社会という全体に個人を従属させる試みが全体主義を生み出した」と述べている(27)。

個人主義を生んだ近代は必ず全体主義社会に行き着くと主張しているのではない。しかし何故、近代になって初めて全体主義が出現したのかを考えることは重要だ。伝統的共同体から解放された近代的個人がなければ全体主義は起こり得なかった。歴史を振り返れば、教会・職業組合・村組織などという集団を解体し、一方に国家という中央機構、そして他方に孤立した個人の群を生み出すという両極分解をへて近代社会は成立した。我々の問題意識からみた時、この変遷はまさしく他者との直接的つながりを減らし、国家機構を媒介にして間接的にしか共同体構成員どうしが関係を結ばない傾向の増大を意味している。

ルソーが夢想したほどの個人主義・合理主義の徹底は実際には不可能であり、現実の近代社会ではあらゆる次元で虚構が機能している。そしてそのおかげで剝き出しの暴力に訴えずともたいていの軋轢は制御されている。しかしだからといって、個人主義と全体主義とが無縁だと考えることはできない。

本書でルソーの思想を取り上げたのは、虚構を完全に払拭しようとする契約主義の行く手に待ち受けている陥穽を明らかにするためだった。そもそもルソー自身、契約主義を貫徹しているわけではない。思想の全貌が明確になるにつれ、新たに生じてくる論理的問題にルソーは困惑し、結局、宗教や教育という虚構の装置に言及せざるを得なくなった。言い換えるならば、契約主義を貫徹しながら全体主義にいきつくか、それとも論理を最後まで押し進めることを断念し、理論に内部矛盾を残すかわりに全体主義を拒絶するかのどちらかの可能性しか、ルソーの思想には残されていない。そして賢明にも彼は後者の道を選んだのだった。ルソーを高く評価すべき理由は、合理的な社会契約論の提示に彼が成功したからではない。逆に、近代個人主義を極限まで突き進める彼の試みが失敗し、虚構をまったく排して意識的な契約だけを支えに共同体を構築することは論理的に不可能だという事実が、彼の意図に反して露わになったからである。

個人主義と全体主義の絡みはナチスの推進した人種主義的優生学政策にも現れている。ドイツ民族の純化・向上を図るためにヒトラーはユダヤ人を始めとする少数民族、精神障害者、同性愛者など多くの人々を殺害した。このような政策においては個々の人間存在の絶対性が否定されている。そのために、現実の構成員よりも人種という包括単位の方がより重要視されているような感を確かに受けやすい。しかし優生学や社会進化論はそもそも個人主義的世界観を基にしていることに注意しなければならない。各人間が固有の役割を与えられて共同体に有機的に組み込まれた状態から、相互交換可能な個人の群に変質されて初めて、このようなイデオロギーの現実化が起きたのだった。

ダーウィン進化論において、自然淘汰の圧力を受けるのは種自体ではなく、種が変化する過程は種に属する個体の淘汰によって説明される。種の変化を担う実際の単位は個体であって、種という実体が存在するのではない。環境により適した個体がそれ以外の個体に比べて子孫を残す確率が高いという仕組みを通して集合としての種が進化する。[78]そこから発生した鬼っ子である社会進化論においても同様に、実存する単位として考察されているのは、超越的に把握された人種ではなく生物としての各個人である。環境に最も適応した個人が自然淘汰の試練に生き残ることを通して、集合としての人種が他の集合に比べてより多くの子孫を結果として残すという構図になっている。[79]

個人主義と全体主義の共犯関係は戦前の日本においても見いだされる。小林敏明が明らかにしたように、例えば西田幾多郎の思想には個人主義と社会実在論との複雑な絡みがみられる。

> 「個」には当然近代的「個人」の意味も入るが、西田はどんなに「全体」の方向に揺れ動くときでも理論上この「個」を放棄したことはなかった。(……)
>
> 西田がライプニッツのモナドロジーに親近性を感じていたのは偶然ではない。社会についてのイメージとして西田が最初に抱いていたのはおそらく、どこかで「理性」ならぬ何ものかの狡知が働く社会アトミズムのようなものであったと想像される。つまりあくまで「個」に執着する限りで西田の書かれざる社会存在論はもともとホッブスやルソーに近い考えをもっていたのではないかと思われる。だが「個」は「全体」を抜きには存在しえない。「個」を消失させないで「全体」の立場を取るとはどういうことか、西田の言説の中にこうしたモティーフを読みとることは不可能ではなく、それがやがてヘーゲルに接近していった理由でもあろう。[30](強調原著者)

ルソーの社会契約説は、モンテスキューの『法の精神』や、ジョン・ステュアート・ミルの代議政体論、そしてアメリカ独立革命の思想などとともに、中江兆民らが展開した自由民権論の成立に貢献した。そのために、ルソーは自由を擁護する民主主義陣営の旗手のようなイメージで理解されやすい。その限りではもちろん誤りではないし、それはルソーの願いにも沿っている。[31]

しかし、社会の虚構を全廃しようと夢想する近代的個人主義の限界とその潜在的危険には十分な注意を払わなければならない。ルソーやマルクスの思想が彼らの意図をまったく裏切って全体主義と結びついてしまったのは、彼らの思想の根本において人間という存在に対する誤解が潜んでいたからである。第3章で説いたように、ヴェーバー・デュルケム・トクヴィルなど一九世紀に活躍した社会思想家の多くは、個人主義的世界観が広がるにつれて価値の源泉が失われ、そこから人と人の絆が崩壊していく事態に強い懸念を表明した。宗教の虚構性が露わになり、人間の生産物である社会秩序が人間から独立したものとして現れなくなる、つまり疎外現象が十分に機能しなくなることがこれら思想家にとっての重大事だった。ところがマルクスは疎外現象を否定的な角度からのみ捉え、資本主義という近代の過渡的段階を乗り越えることで問題が解消されるという立場を採った。それはルソーと同様に、マルクスが近代合理主義に信頼をおく個人主義者だったからではないだろうか。(32)

個人と社会の関係をどう捉えるか

本書では、全体論的な発想をしりぞけ、構成員の間で営まれる相互作用の産物として集団現象を捉えている。言い換えるならば、考察する社会システムをブラック・ボックスとして扱うのではなくて、そこに隠されている機構を明らかにしようと努めている。本書が依拠する認識論的立場を明確にするために、天体運行に関するケプラーとニュートンの分析態度を比較してアインシュタインが提示した次のような区別が役に立つかもしれない。

これらの法則［ケプラーの法則］によって、惑星が太陽の周りをどのように移動するかという問いに対しては、確かに完全な答えが与えられている。すなわち軌道が楕円形を描くこと、均等な時間内に同じ面積が通過されること［太陽から惑星に至る直線は等時間に等面積を描く］、楕円の長軸と公転周期との関係などについてである。しかしこれらの法則は因果関係には答えていない。(……)これらの法則は全体的に捉えたものとしての運動を問題にしているのであり、あるシステムの与えられた運動状態がすぐ直後の状態を生ぜしめるその機制は問題にされていない。今日の言葉で語るならばこれらは積分的法則であり微分的法則ではない[33]。

ここで「積分的」「微分的」という表現は数学的意味において使用されているが、我々はこれらをそれぞれ「包括的」「局所的」と読み換えることができるだろう。アインシュタインが積分的と規定するケプラーの法則は現象描写に過ぎず、プロセス自体を視点に据えたニュートンの法則に至ってはじめて分析と呼べるようになる。同様に、集団的記憶や民族同一性を考える際に、できるだけブラック・ボックス的な発想をしりぞけ、その中を覗き込む努力をしなければならない。

ケプラーの記述において、何故、太陽と惑星は互いに一定の関係を維持し続けるのか、何故、無関係ではないのかといった疑問は浮かんでこない。太陽と各惑星を一つのシステムとして包括的に捉え、そのシステム全体を記述しているからだ。それに対してニュートンの分析においては、太陽や惑星の関係がアプリオリに与えられていない。それぞれの天体を一つの独立した個体(より正確には質点)に還元した上で、万有引力という概念を媒介にして、いったん切り離された天体群を再び結びつけるという論理構成が採られている[34]。

このようにブラック・ボックスの内部に一歩踏み込むことでより満足な分析に成功している。しかしそうすることで同時に大きな難問を生み出してしまう。ベントレーに宛てた書簡においてニュートンは次のように語っている。

生命を持たない単なる物質が、他の何らかの非物質的媒介を経ずして相互接触なしに、他の物質に対して作用を及ぼすなどとは考えられない。(……)だから、アプリオリな引力概念を私が提唱しているとは絶対に考えないでいただきたい。物質に本質的かつ内在的な引力が存在し、物体が真空中で何らの媒介もなしに他の物体に対して作用することが可能だなどという考えは私にとってはあまりにも馬鹿げている。哲学的な思考能力を有した人間にはこのような考えは到底受け入れられないだろう(35)。

複数の離れた物体が何らの媒介もなく瞬間的に相互作用を及ぼすという遠隔作用の概念は不条理である。しかし万有引力はまさしくその不思議な魔法の力に相当している。そして自らの提唱した理論の不条理を繕うためにニュートンが頼みの綱にしたのは、結局のところ万能の神と偏在なるエーテルの存在だった(36)。

社会や太陽系といったシステムに組み込まれた要素群、すなわち複数の個人や天体の間に有機的関係をアプリオリに見るのでなく、その関係の仕組みを明らかにしようとするならば、まず個人や天体という切り離された要素に考察の出発点を定めなければならない。複数の個人が集まったときに、どのようにして相互関係が発生するのか。単なる個人の集合はどのようにして有機的システムに変換されるのか。

人と人との間に生まれる絆が何に由来するのかという問いに対して、人文・社会科学は大まかに言って二種類の答えを用意してきた。その一つは、自由で合理的に行為する個人を想定し、この個人がより大きな利益をお互いに得るために他者と様々な交換を行い、そこから社会関係が営まれるという考えである。もう一つは、歴史的に生み出される社会規範に人間の思考が縛られている事実を重視し、その規範のおかげで人間のつながりが保たれるという発想である。自律した合理的存在として人間を捉える第一の立場は経済学、特に新古典学派によって代表される。それに対して、社会・歴史的条件に規定された存在として人間を捉える第二の立場は、社会学、その中でも特にデュルケム学派によって支持されてきた(37)。

本書は第一の立場をしりぞけ、基本的に第二の立場に立脚しているが、個人間に営まれる流動的な相互関係の束として集団現象を捉えるという意味で、個人を超越した別個のシステムとして社会や集団を扱うデュルケム的社会決定論とは袂を分かっている。そもそも社会と個人を分け隔て、そのどちらが先かというような二元論的発想を採ると、どちらにしても結局、両者の間の動的関係が捉えられなくなる。もし個人が社会によって完全に決定されるならば、あるいはその逆に社会の運動が個人的心理過程に完全に還元できるならば、個人あるいは社会のどちらかだけを分析すれば十分になる。そうであれば、社会学と心理学のどちらかが不要になるだろう。

集団を実体として捉えず、個人間に生ずる相互作用の角度からその理解に努めることは、集団現象を個人心理に還元してしまうことを決して意味しない。それどころか、個人間の相互作用の結果として集団現象を理解することで、まさしく社会の運動と個人の心理との間の橋渡しが可能になる[38]。社会は個人の集合にすぎないことを認めながらつ、構成員の相互関係が生み出す産物が個人の主観から遊離してズレを生んでゆく過程に注目しなければならない。個人現象と集団現象はお互いに螺旋を描いて循環的に作用している[39]。

さて、いったん分離した個人の群れを再び結びつけるにはどうしたらよいか。自己の利益を増加するために合理的な関係を結ぶとする、自己完結した存在として人間を把握する近代的錯視の方向をしりぞけると同時に、社会の価値や規範を学ぶことを通して個人の間に絆が発生するという、いわば社会が自己再生産する過程の副産物として人間を位置づける転倒した方向も受け入れられないとするならば、人と人との間に生まれる係累に対してどのような説明が可能だろうか。

第3章で示したように、他の生物とは比べものにならないほど、人間は外界に開かれた認知構造に支えられている。人を暗室に閉じこめ、聴覚・視覚・触覚などの感覚刺激を低下させて長時間放置すると幻覚や幻聴が現れだし、遂には精神障害に至る可能性もある[40]。この事実からもわかるように人間は情報交換を常に行わなければ生きてゆけない。言い換えるならば、人間は自己完結した存在ではなくて、外界の影響を恒常的に受けながら、他者との関係の中におかれて初めて安定した生が営めるように宿命づけられている。

情報の場の力学に恒常的に身を曝す開放された認知システムとして人間を捉えよう。休止状態にあるビリヤード玉のようなイメージで人間の自律性を理解してはならない。突かれる度に受け取るベクトルにしたがって移動する玉をのせたビリヤード台のような間歇的な情報交換の場を想像するとき、我々はすでに暗黙に原子のような孤立した存在として人間を表象している。開かれた場でのエネルギー交換を通して自己と非自己を交錯させながら生命組織が新たな自己を不断に析出させていくように、人間の自律性は、他者との恒常的な情報交換の中で変遷し続ける動的な均衡状態として把握するべきだ。

プラトンの『饗宴』には、二つの頭、四本の手、四本の足、二つの性器をもつ男女・男男・女女という三種の組み合わせの〈原人間〉ともいうべき生き物が登場する。彼らは神々に背いた咎から、二人の個人に分離されてしまうが、それ以降、一人になった人間は切り離された片割れをずっと求め続けるようになる。恋の正体を解き明かそうとするこの物語と、人間の相互依存性の原因はある意味で似ているかもしれない。

人間を完結した存在として把握すると、本来自律すべきこれら個人たちの間に発生する絆は、より大きな利益を追求するために合理的に結ばれる関係か、あるいは社会規範に眼を眩まされた結果だという消極的な側面しか現れてこない。しかし人間の根本的な不完全さや脆弱さを受け入れる地点から出発するならば、人と人との間に絆が生まれる現象が実は人間の本性の裏返しに過ぎないということが素直に理解されるだろう。

芝居や音楽において間《ま》の持つ重要性は再確認するまでもないが、それは、ある音声が出て次の音声が出てくるまでの単なる時間的空隙ではなく、間とは音声と音声とのあいだに積極的に定められる関係のことである。そしてその関係とは、音声という項が初めにあって、それら項が結ばれてできるといった固定的なものではなく、間という関係が出来ると同時に、各項としての音声も変化せざるを得ないような動的なものとして理解されなければならない。同様に社会という現象も、個人がまず存在して、その個人が集まって相互関係を営むといった構図で把握するのではなく、複数の個人が相互関係を結ぶと同時にその相互関係がまた個人を変化させるという絶え間ない循環過程を通して、人間という存在そして社会という関係を捉えなければならない[41]。

間は音声の単なる欠如ではあり得ず、各音声は孤立した本質を持っていない。個々の音声を変質させる力としての間が作用して初めて音楽や芝居という複雑な意味世界が成立する。同様に、各個人が自律的に完結し、外に対して閉じた存在であったならば、個人をいくら集めてみたところで共同体は生まれ得ない。人間が本質的に欠如を内在する関係態だからこそ、あるいは他の言い方をするならば、人間には本質なるものがそもそも存在しないからこそ、他の生物とは比べものにならない複雑かつ多様な共同体の成立が可能になるのだ。欠如や不完全を否定的角度から捉えるのは止めよう。不足のおかげで運動が生まれ、変化が可能になっている(42)。

この章では、集団的責任がどのような論理に依っているのかを検討することから始め、共同体の絆は契約のような合理的発想では説明できないことを明らかにした。個人を集めたときに単なる集合ができるのではなく、構成員が有機的に結びつけられた集団が発生するためには何らかの虚構の助けが必要になる。したがって虚構を完全に排除し、社会秩序を合理的にうち立てようとする企図は不可能なだけでなく、それを無理に強行することがいかに危険な試みであるかを説いた。次の最終章では、民族という現象の検討から得られた知見を基にして、開かれた共同体概念の構築を試みよう。

註

(1)　日本人の集団的責任に関しては、高橋哲哉『戦後責任論』(講談社、一九九九年)、徐京植・高橋哲哉『断絶の世紀　証言の時代』(岩波書店、二〇〇〇年)が詳しく検討している。

(2)　我々が想像する以上に人間の行動が社会状況によって規定される事実は、社会心理学や社会学によって明らかにされている。また他方、認知心理学・大脳生理学・精神分析学は、人間の行動が多分に無意識によって引き起こされることを証明している。このような知見を前にして、責任と自由は存在しうるのか、主体とは何を意味するのか、あるいは決定論と責任・自由は相容れないという常識がそもそも誤りではないだろうかといった問いは非常に重要である。しかしこの巨大な問題群は、集団同一性に考察を絞る本書の射程範囲を遥かに超えるので、検討するためには稿を改めなければならない。

(3)　もちろん、パレスチナ人抑圧に対して積極的に荷担するユダヤ系の政治団体や経済団体を支援する会員の場合は別に考える必要がある。しかしその場合でも、あくまでも個人的に関わりを持つから責任が発生するのであり、ユダヤ系だからではない。言い換えるならば、責任は各個人の行為に起因するのであり、各個人の属性からは発生し得ない。

（4）ちなみに、このような論理すり替えは人種差別において頻繁に見受けられる。世界の諸民族に対して日本人が抱くイメージを調査した際、ある三〇代半ばの女性は次のような意見を面接で述べている。「コンゴ人とケニヤ人ですか。つまりアフリカ人ですね。私は二年ほど前にセネガルに行ったことがあるんですけど、そこの人たちは白人や黄色人種は金持ちだと信じていて、すぐに金をせびりに来るんです。自分自身で努力しないで他の国の人に頼って生きている人種だという印象を強く持ちました」。ここに現れているのは範疇化による誤認の典型的な例であり、コンゴ人とケニア人の国民性を説明しようとして、まずアフリカ人という、より高次の包括的範疇に注目し、セネガル人という他の部分集合に関する「データ」からその一般的属性を引き出し、当該部分集合であるコンゴ人とケニア人に適用している。T. Kozakai, *Les Japonais sont-ils des Occidentaux? Sociologie d'une acculturation volontaire*, Paris, L'Harmattan, 1991, p. 95.

（5）「犯罪が成立するためには、構成要件に該当する違法な行為について、さらに、その行為者に非難が可能であること(Vorwerfvarkeit) を要する。この非難可能性が責任 (Shuld) である。そして、近代刑法においては、『責任がなければ、刑罰はない』(Keine Strafe ohne Shuld) という原則が支配しているが、刑法上の責任は、主観的かつ個人的責任として理解されている。すなわち、主観的責任とは、行為者に責任能力および故意または過失が具備されている場合にのみその行為者を非難しうるとすることをいい、個人的責任とは、行為者は自ら行った行為についてのみ責任を負うとすることをいう。(……) 近代以前においては、行為者の能力や内心面を顧慮することなく、客観的な法益侵害の結果のみにもとづいて責任が論じられたり、いわゆる縁座・連座のように、一定の団体に属することを理由に人を処罰するということが少なくなかった。前者は、結果責任ないし客観的責任の法理であり、後者は、団体責任の法理である。責任主義は、このような結果責任および団体責任の思想を克服することによって生み出されたものである」篠田公穂「第4章　責任」福田平・大塚仁編『刑法総論』(青林書院、改訂版一九九七年) 一四四頁。

（6）集団的責任を支える基本的な論理構造をこのように明らかにした上で、もう少し厳密に考えてみるならば、実は世代という集合概念自体にも問題がある。第2章でみたように、共同体の世代交代は連続的に毎日行われるのであり、ある世代が次の世代によってまるごと代替されるわけではない。世代は実体ではなく、単なる認識的範疇に過ぎない。世代という集合概念を用いないで考察するとどうなるだろうか。

大日本帝国が犯した行為に個人的に責任を負うべき者のうち一部は大日本帝国が消滅してからもしばらくは日本社会の一員として生きている。これらの者に個人的責任があるのは明白だが、戦後生まれや、その当時幼少であった人々に、戦争中に日本国家の名において犯罪行為をおかした者を罰する責任は発生するのだろうか。

この問題は、例えば外国人を殺した日本人個人に対して日本共同体が罰を与える場合と同じ論理構造になっている。つまり日本の領土で起きた犯罪に対しては基本的に日本の裁判所が裁くことになっている以上、被害者の所属していた国家に犯人を引き渡すか、あるいは日本国内で告発するかしなければ、犯人を裁くことは実質上できなくなる。このような事態が生じる時には、現在日本国家に属す者すべてに、犯罪者を匿うことに対する責任が発生するだろう。日本国家の名において行われた犯罪に関しても、これと事情は基本的に変わりない。おおまかに言って、戦争責任者を国際法廷にて裁くか、日本国内において裁くかという二つの可能性があるが、前者は外国への犯人引き渡しに相当するし、後者については、国内で裁かないならば、その時点で日本国籍を有する者全員にいわば「犯人隠匿罪」が科せられるべきだろう。しかし国家の名において行われた犯罪にせよ、個人的になされた犯罪にせよ、当人以外の日本人に発生しうる罪は犯人隠匿罪であり、殺人罪ではあり得ない。

また犯人を裁く責任をめぐってここで問われているのは、日本国家に現在属する構成員と、同じ国家に現在属する犯人との関係であり、現在の構成員が生まれる前(外国人が帰化する場合には日本国家に属する以前の時点)に、当該国家に属していた犯人個人あるいは国家によって行われた行為自体に対する責任ではない。言い換えるならば、国家の名において行われた一つの行為をその当為者A以外の個人Bに関連づけるためには、行為が行われた時点にBが同じ国家に属していたのでなければ、国家自体に実体性を付与してその連続性を保証することが論理的に要請される。この問題は戦後処理の論理に関連し、次節で扱う。ここでは、世代という集合概念をしりぞけて考察し直しても、過去になされた国家行為に対して、後から生まれた個人に集団的責任が発生するという立場に論理的飛躍があることにはかわりないという点のみを指摘しておく。

(7) E. Kantorowicz, *The King's Two Bodies. A Study in Mediaeval Political Theology*, Princeton, Princeton University Press, 1957. 特に第六章。邦訳、カントローヴィチ、小林公訳『王の二つの身体——中世政治神学研究』(平凡社、一九九二年)。

(8) B. Wasserstein, *Vanishing Diaspora. The Jews in Europe since 1945*, London, Penguin Books, 1977 (tr. fr. *Les Juifs d'Europe depuis 1945. Une diaspora en voie de disparition*, Paris, Calmann-Lévy, 2000, p. 255).

(9) 日本社会において、特に高齢者の場合、失業手当や生活保護手当の受給に際して、労働者あるいは市民としての当然の権利を行使するという感覚は希薄であり、ありがたいとか申し訳ないという気持ちを持つ人が多い。このことはまさに、社会保障制度が単なる合理的契約以上のものとして機能している証左である。

(10) 市場原理も同様である。提示された対価を支払う限り、当該の商品を手渡す義務を売り手は負うのであり、金だけ取っておいて商品を渡さないわけにはいかない。精神的次元におけるお互いの関係は売買の前も後も収支均衡状態にあり、相手に対する精神的負債は生じない。

(11) とはいえ、インフレやデフレによって貨幣の交換価値は上下するし、株式や外貨などになればその価値変化はもっと激しい。またより根本的には貨幣制度の性質からいって、商品を売って得た貨幣が必ず使用できるという保証はない。貨幣制度が虚構に支えられずには成立し得ないという点については岩井克人『貨幣論』(筑摩書房、一九九三年)を参照。

(12) 贈与論については、この分野の古典であるM. Mauss, "Essai sur le don. Forme et raison de l'échange dans les sociétés archaïques", in *Sociologie et anthropologie*, Paris, PUF, 1950, p. 142–279 (有地亨他訳『社会学と人類学』[弘文堂、一九七三年]) の他に、J. T. Godbout, *Le Don, la dette et l'identité. Homo donator vs homo œconomicus*, Paris, La Découverte/M.A.U.S.S., 2000 などを参照せよ。

(13) ヨーロッパ近代は「自立する個人」という未曾有の人間表象を生み出し、それが経済学の生誕につながったことは多くの専門家によって指摘されている。L. Dumont, *Homo aequalis. Genèse et épanouissement de l'idéologie économique*, Paris, Gallimard, 1977; ——, *Essais sur l'individualisme*, Paris, Seuil, 1983 (渡辺公三・浅野房一訳『個人主義論考——イデオロギーについての人類学的展望』[言叢社、一九九三年]); P. Manent, *La Cité de l'homme*, Paris, Flammarion, 1997 などを参照。

(14) ルソーの思想の分析に関しては、『社会契約論』(*Contrat social*, in *Œuvre complète, III*, Paris, Gallimard, 1964, p. 279–470)、『人間不平等起源論』(*Discours sur l'origine et les fondements de l'inégalité parmi les hommes*, in *Œuvre complète, III*, *op. cit.*, p. 109–237) 以外に、P. Manent, *Histoire intellectuelle du libéralisme*, Paris, Calmann-Lévy, 1987 (高橋誠・藤田勝次郎訳『自由主義の政治思想』[新評論社、一九九五年]); L. Scubla, "Est-il possible de mettre la loi au-dessus de l'Homme? Sur la philosophie politique de Jean-Jacques Rousseau", *in* J.-P. Dupuy (Ed.), *Introduction aux sciences sociales. Logique des phénomènes collectifs*, Paris, Edition Marketing, 1992, p. 105–143 などを参照した。

(15) 例えば、*Discours sur l'origine*, in *Œuvre complète, III*, *op. cit.*, p. 188–189 を参照。自己愛と自尊心の定義については、note XV, p. 219 を見よ。

(16) 欲望の三項構造に関しては、ルネ・ジラールの理論がよく知られている。R. Girard, *Mensonge romantique et vérité romanesque*, Paris, Grasset, 1961 (古田幸男訳『欲望の現象学——ロマンティークの虚偽とロマネスクの真実』[法政大学出版局、一九七一年]); ——, *Des choses cachées depuis la fondation du monde*, Paris, Grasset & Fasquelle, 1978 (小池健男訳『世の初めから隠されていること』[法政大学出版局、一九八四年]). また、一八四〇年に著されたトクヴィルの著作にもすでに同様の見解は散見される (A. de Tocqueville, *De la Démocratie en Amérique*, vol. II, Paris, Gallimard, 1961)。トクヴィルと同様な分析を資本主義消費社会に適用したボードリヤールの著書は有名。J. Baudrillard, *La Société de consommation, ses mythes, ses structures*, Paris, Denoël, 1970. 邦訳、ボードリヤール、今村仁司・塚原史訳『消費社会の神話と構造』(紀伊國屋書店、一九九五年)。

社会心理学では、他者との比較の本源性がいろいろな角度から検証されている。例えば、L. Festinger, “A Theory of Social Comparison Processes”, *Human Relations*, 7, 1954, p. 117–140; H. Tajfel (Ed.), *Differentiation between Social Groups*, London, Academic Press, 1978 を参照。「相対的不満」についての研究も同じ問題を扱っている。古典としては、R. K. Merton, *Social Theory and Social Structure*, New York, The Free Press, 1949, ch. 8（森東吾他共訳『社会理論と社会構造』[みすず書房、一九六一年]、第八章）、また実験社会心理学の立場からは、S. Guimond & L. Dubé-Simard, “Relative Deprivation Theory and the Quebec Nationalist Movement: The Cognition-Emotion Distinction and the Personal-Group Deprivation Issue”, *Journal of Personality and Social Psychology*, 44, 1983, p. 526–535; G. Petta & I. Walker, “Relative Deprivation and Ethnic Identity”, *British Journal of Social Psychology*, 31, 1992, p. 285–293 などを参照。

（17）　*Contrat social*, Livre II, ch. III, in *Œuvre complète*, *III*, *op. cit.*, 1964, p. 371.『人間不平等起源論』は、人間を堕落させるものとして社会を描き、『社会契約論』は、人間の自由を擁護するための必要措置として社会を検討している。そのために、両者の立場は矛盾しており、前者の論理構成に則って後者を解釈することはできないとする向きもある。しかし、前者が描く対象は誤った現実社会であり、後者が問題にするのはこれから建設すべき理想社会であると解釈するならば、両者の間に矛盾を見る必要はまったくない。この点については L. Scubla, art. cit. 参照。また、「自己愛」と「自尊心」という用語は前者のみに現れ、後者では使用されていない。しかし、ここに挙げた引用にも見られるように、各構成員の孤立化が、正しい社会建設の第一歩をなすという発想は『社会契約論』においても踏襲されている。

（18）　*Contrat social*, Livre I, ch. VII, in *Œuvre complète*, *III*, *op. cit.*, p. 363–364.

（19）　*Contrat social*, Livre IV, ch. II, in *Œuvre complète*, *III*, *op. cit.*, p. 440.

（20）　「この一人あるいは複数の人間に対して、汝が自らの権利をすべて放棄し、彼(ら)が為す如何なる行為をも汝が受け入れるという条件の下に、我自身を統治する権利を我も彼(ら)に与えよう。こうして一つの人格に統合された群衆は、ラテン語で civitas あるいは国家と呼ばれる。偉大なリヴァイアサン、あるいはもっと恭しく表現するならば、命に限りある神はこのようにして生み出される」。T. Hobbes, *Leviathan*, edited by Richard Tuck, Cambridge, Cambridge University Press, 1991, ch. 17, (tr. fr. *Léviathan*, Paris, Gallimard, 2000, p. 288). 邦訳、水田洋訳『リヴァイアサン』(岩波文庫、改訳一九九二年）ほか。

（21）　各市民の間で取り交わす契約において、自らに対する支配権を各自がリヴァイアサンに与える以上、リヴァイアサンがどのような振る舞いをしようとも、それに対して不服を申し立てる権利はないとされる。

この取り決めから当然の帰結として、生み出された主権者が行うすべての行為、そしてすべての判断の主は各臣民自身だということになる。ゆえに、この主権者が何をしても、臣民に対して不正な行為を犯すことにはならない。(……)国家の成立状況からいって、主権者の名において行われる行為の主は各個人であり、主権者が犯す不正に対して不満を表明する者は、自分自身の行為に対して文句をつけることになる。したがって各個人は自分自身以外の者を非難できない。(……)主権者が不公平な行為をなすことはあり得る。しかしそれは真の意味における不正や害悪ではない。(*Leviathan, op. cit.*, ch. 18, 前掲仏訳二九五頁)。

このような章句を読むと、共同体を統治する主権者の意志と、構成員たる個人の意志とを同一化する発想がすでにホッブズによって提示されているような感を与えるが、それは正確な解釈ではない。主権者の行為はすなわち国家の各構成員の行為だと認めることは、主権者の意志と各構成員の意志とを同一視することには必ずしもつながらない。「この一人あるいは複数の人間に対して、汝が自らの権利をすべて放棄し、彼(ら)が為す如何なる行為をも汝が受け入れるという条件の下に、我自身を統治する権利を我も彼(ら)に与えよう。(……)偉大なリヴァイアサン(……)はこのようにして生み出される」というすでに引用した章句からもわかるように、社会契約が結ばれるのは、各構成員の間であって、主権者たる君主と各構成員との間にではない。主権を保持する君主が先ずいて、その主権を確認するために彼と各構成員との間に契約が結ばれるのではない。共同体を生み出そうとする際に、主権者の位置におかれるべき一人あるいは複数の人を除いて、残りのすべての個人の権利を剝奪することを通してリヴァイアサンは生み出される。すなわち、共同体が成立し、その構成員の生命の安全を保証するための手段として、主権者は共同体の〈外部〉にはじき出されている。

このようなホッブズの立場をよく理解した上で、鋭い批判の矛先を向けたのがルソーだった。共同体の〈外部〉に主権者をおくホッブズの絶対主義的方向を拒否し、どの構成員からも独立する〈外部〉としての君主=主権者を媒介にすることなく、各個人の意志と共同体の意志とを直接的に結びつけることで、共同体内部の中に社会秩序の根拠をうち立てようと試みたのだった。ホッブズの理論においては、共同体の各構成員と君主=主権者とが完全に同一視されず、論理的に言って両者の間に距離が残るために、真の意味での国民主権は成就されていない。神という共同体の〈外部〉に社会秩序の根拠を求める道を拒否し、あくまでも個人の権利から出発したホッブズを高く評価しつつも、彼の理論の不徹底さを批判したルソーは、共同体の〈外部〉に一歩も出ることなく社会秩序を正当化するという個人主義的解決の方向を極限まで突き詰めたのだった。ホッブズとルソーの関係については、**P. Manent**, ***Histoire intellectuelle du libéralisme***, *op. cit.*, p. 66–70, 163–165 を参照。

(22) *Contrat social*, Livre IV, ch. II, in *Œuvre complète*, *III*, *op. cit.*, p. 440.

(23) 〈一般意志〉とは構成員全員に単に共通する意志ではない。社会を構成するすべての人々が同じ事を欲しても、それは各個人に固有な意志がたまたま一致しているだけかもしれない。例えば無実の罪を着せられた人に対して群衆全員がリンチを加える場合を考えればわかるように、社会構成員が全員一致の意志を示しても、それを社会構成員の真の利益を代表する〈一般意志〉と呼ぶことはできない。このような現象はまさしく他者の欲望を模倣することから生じている。〈一般意志〉を知るためにはあくまでも、周りの人に影響されないようにすべての人々をお互いに隔離したうえで、各市民が本当に必要とするところを内省しなければならない。*Contrat social*, Livre II, ch. III, in *Œuvre complète, t. II, op. cit.*, p. 371 を参照。

(24) ホッブズにおいても、絶対的権力を正当化する原理は、各個人が自らの生存を守る権利に基づく点に注意しよう。

(25) L. Dumont, *Essais sur l'individualisme, op. cit.*, p. 94-95.

(26) H. Arendt, *The Origins of Totalitarianism*, V. 3, New York, Harcourt, Brace & World, Inc., 1951 (tr. fr. *Le Système totalitaire*, Paris, Seuil, 1972, p. 17). 邦訳、アーレント、大久保和郎他訳『全体主義の起源』全三巻(みすず書房、一九七二—七四年)。強調は引用者。

(27) L. Dumont, *Essais sur l'individualisme, op. cit.* 特にナチズムを扱った第四章。

(28) ダーウィン進化論において、自然淘汰される実際の単位が個体であることはよく知られている。例えば、J. Gayon, *Darwin et l'Après-Darwin. Une histoire de l'hypothèse de sélection naturelle*, Paris, Kimé, 1992, p. 1-2, 67-78. ちなみに社会生物学では遺伝子に主体的地位を与え、人間行動を説明する究極の分析単位としている。そこでは遺伝子を保管する単なる媒体として、個々の人間が二次的存在へ格下げされるという転倒した図式が描かれる。集団に注目するどころか、個人さえも解体してしまう極端な還元主義を採る社会生物学が、人種や民族という超個人的範疇を重要視する全体主義と結びつくのはちょっと考えると不思議な気がしないでもない。しかし巨視的な視点を取るか微視的な視点を取るかの違いこそあれ、人種主義も社会生物学も同様に、人間の行動や精神活動が生物学的所与によって決定されるという仮説から出発していることを思い起こせば、両者の近接性が納得できる。遺伝子という、個体を構成する微視的要素を実体視する社会生物学と、人種あるいは民族という、個体を超越した巨視的範疇を発想の基礎に据える人種主義とが共に、人間の自由を否定する全体主義的イデオロギーに行き着くのは当然と言えよう。

社会生物学において遺伝子を記述する際に擬人的な表現がしばしば用いられるが、このような詭弁に人々が惑わされやすい理由の一つとして、遺伝子の構成物質DNAに対する誤解が挙げられる。デオキシリボ核酸はその名の示すとおり単なる無生命物質にすぎない。しかしDNAと表記されると、神秘的な雰囲気をまとったまるで凝縮された生命の本質あるいは魂であるかのような錯覚を与える。しかしDNA自体が生きているわけではない。それどころかデオキシリボ核酸は非常に不活性な分子であり、生命という言葉が喚起する動的なイメージとは大きく乖離した物質にすぎない。

DNAは死んでいる。DNAは反応に欠き、化学的に最も不活性な分子の一つである。(……)DNAには自己を再生産する能力などまったくない。それどころか、細胞内のタンパク質が持つ複雑な機制を通して作り出される物質によってDNAは生産されている。DNAがタンパク質を生成するとしばしば言われるが、事実はそのまったく反対で、タンパク質(酵素)がDNAを作り出している。(……)DNAには自己再生能力がないだけではない。そもそもDNAは何も作り出すことができないのだ(R. Lewontin, "The Dream of the Human Genome", *New York Review of Books*, 28/05/1992, p. 31-40. [H. Atlan, *La Fin du "tout génétique"?*, Paris, INRA, 1999, p. 54より引用])。

(29) 優生学と社会進化論は、社会にとって害になると判定される個体を排除するという点においては共通しているが、その手段に関しては正反対の立場に基づく。前者は好ましくないと判断される要素が残存しないように積極的に人工的介入を行うのに対し、後者は国家による弱者救済政策などの人工的介入を廃止することで、弱者すなわち劣等な個体の遺伝要素を自然に絶滅させようとする発想である。歴史的にみると、ダーウィンの『種の起源』(一八七二年)が発表されてまもなく社会進化論が提唱され出すが、優生学は少し遅れて一八八〇年代になってから現れた。A. Pichot, *La Société pure. De Darwin à Hitler*, Paris, Flammarion, 2000, p. 159.

(30) 小林敏明『西田幾多郎　他性の文体』(太田出版、一九九七年)一六〇―一六一頁。

(31) 政治思想を左翼／右翼あるいは革新／保守という対立で捉える発想にはそもそも問題がある。左翼に位置するはずのルソーの思想が論理的に全体主義との近親性を示し、保守陣営に分類される例えばフリードリッヒ・ハイエクのような超自由主義者が最終的には無政府主義的な立場にいきつくことを見ても(F. A. Hayek, *Law, Legislation and Liberty*, London, Routledge & Kegan Paul, 1979. 西山千明・矢島鈞次監修『ハイエク全集八―一〇巻　法と立法と自由Ⅰ・Ⅱ・Ⅲ』[春秋社、新装版一九九八年])、社会思想は左翼／右翼という単純な分類を許さないことがわかるだろう。

(32) 社会学者ロバート・ニースベットは、この点に関してマルクスとルソーの類似を指摘している。R. A. Nisbet, *The Sociological Tradition*, New York, Basic Books, Inc. Publischers, 1966, ch. 7. 邦訳、ニスベット、中久郎監訳『社会学発想の系譜』(アカデミア出版会、一九七五年)。

(33) A. Einstein, "La Mécanique de Newton et son influence sur la formation de la physique théorique", in *Œuvres choisies*, vol. 5, science, éthique, philosophie, Paris, Seuil/CNRS, 1991, p. 236.

(34) ケプラーの発想が万有引力の法則と無関係だと主張しているのではない。ここで問題にするのは、積分的アプローチと微分的アプローチとがそれぞれ内包する論理形式である。事実上、ケプラーはすでに万有引力に近い発想を手にしていた。ケプラー以前の天文学者にとって、天体運動の研究とは、円形の歯車をいくつも組み合わせて星と惑星の動きを描写することにすぎなかった。ところが、天文学の現象を物理学的法則で説明しようとしたケプラーは、以前には誰も疑問に思わなかった矛盾に初めて気づく。惑星の公転周期と、太陽から惑星までの距離は当時すでに正確に知られていた。例えば水星の公転周期は約三カ月、火星は約二年、木星は約一二年、土星は約三〇年というように、太陽から離れるにつれて惑星の公転周期は当然長くなる。しかしよく注意すると、遠くの惑星は長い距離を回るだけでなく、その速度も遅くなっている事実に気づく。例えば太陽から土星までの距離は木星までの距離の二倍あるので、惑星が一周する距離も二倍になるが、時間は二倍の二四年間でなく、六年も余分の三〇年間かかっている。何故か。太陽から何らかの力が出ていて、その力が惑星を動かしている、しかし遠くの惑星に達するまでにはその力が次第に弱くなる、だから太陽から遠く離れた惑星の運行が遅くなるのにちがいない。これがケプラーの答えだった。彼の発想はニュートンにより継承され、後に万有引力の概念として結実する。A. Koestler, *The Sleepwalkers*, New York, Macmillan, 1959 (tr. fr. *Les Somnambules*, Paris, Calmann-Lévy, 1960, p. 244–247).

(35) *Opera Omnia*, London, vol. IV, 1779–1789, p. 380. A. Koestler, *op. cit.* (tr. fr., p. 323) より引用。

(36) このように非論理的な説明原理に依拠しているにもかかわらず、ニュートンの提唱した力学大系は天体運動に関して理論値と観察値との間で見事な近似を示したために、およそ二〇〇年の長きにわたって天文学者は理論の根本的部分に対して疑問を挟むことがなかった。一八五〇年代になってやっとニュートン力学の弱点に鋭い批判を投じるのは、独学で勉強したマイケル・ファラデーだった。物理学者としての専門教育を受けず、数学を知らない彼のような門外漢だからこそ問題の重要性に気づいたのだった。ファラデーは遠隔作用という超自然的な考え方をしりぞけ、物体の間の関係を近接作用で理解する道を開いたが、この方向はその後、マックスウェルによって場の理論として発展を見る。F. Balibar, *Einstein 1905. De l'éther aux quanta*, Paris, PUF, 1992, p. 19–31

(37) デュルケムの立場に関しては例えば、E. Durkheim, *Les Règles de la méthode sociologique*, Paris, PUF, 1981 (1e édition, 1937) を参照。邦訳、デュルケム、佐々木交賢訳『社会学的方法の規準』(学文社、第四版一九九五年)。

(38) 集合現象の実体視を戒め、個人間に営まれる相互作用の結果として集合現象を捉えるよう説くならば、なぜ還元を個人の次元で停止してしまい、細胞や遺伝子の次元にまで突き進めないのかという認識論上の疑問にも簡単に答えておきたい。本書の主題から少々離れるので、次の二点を指摘するに留める。第一に、まがりなりにも「主体」という名を冠することのできるのは人間という複雑なシステムが構成されて初めて可能になるのであり、各個人をその構成要素(臓器・細胞・遺伝子など)に分解すると主体的行為という目的論的現象が説明しにくくなる。人間の行為を理解する際に、人間存在を身体の構成要素に還元しうると考えるならば、それは同時に決定論的に世界を把握することにつながる。カント的主体概念を維持すべきだと主張するつもりはまったくないが、この一線を越える場合には例えば責任概念を消失させたり、あるいは少なくとも責任概念の内容を大きく変更せざるを得なくなるなど波及効果が非常に大きいので、特別な注意と覚悟が必要になることを肝に銘じておかねばならない。

第二に、世界を描写する上で究極の説明単位が存在すると考えること自体が誤っている。物理学に典型的に見られるように、そもそも科学における説明とは複数の要素を関係づける（例えば $E=mc^2$ という方程式が示すように、エネルギーと質量との間に一定の関係を定立する）ことを意味するのであり、究極的な説明要因というようなものは存在しない。実体的発想をしりぞけ、関係の束として世界を描写しなければならない。したがって世界の記述は基本的にはどの次元からなされてもよいし、またどの次元からなされる説明が最終的なものであるということは言えない。しかしそれでも、世界を把握しようと努める記述主体は細胞でも集団でもなく人間であるが故に、個人という認識単位は特別の位置を与えられていると考えることができるだろう。

(39) 人間の生が社会・歴史的条件に規定されるという側面を強調しすぎると、社会がどのようにして変化するのかが説明できなくなる点にも注意しよう。ある時点において社会構造が内包する条件によって、次の時点での社会構造が必然的に決まるという硬直した歴史主義を採るか、あるいは本来同じ構造が繰り返し生み出されるべき社会において、完全な自己再生産に失敗するという否定的角度からしか、前の世代とのズレすなわち社会変化を捉えることができなくなる。社会変化に関しては第6章でさらに論ずる。

(40) M. Reuchlin, *Psychologie*, Paris, PUF, 1977, p. 410.

(41) 間に関する考察としては、木村敏『あいだ』（弘文堂、一九八八年）、小林敏明『〈ことなり〉の現象学　役割行為のオントプラクソロギー』（弘文堂、一九八七年）を参照。

(42) 年末年始・クリスマスなどの行事や冠婚葬祭のような儀式は、どの文化においても重要な位置を占めるが、人間が自己完結していないという事実と儀式の役割の間には関連がないだろうか。儀式は、周期的に行われるという点と、形式が重んじられるという点に特徴づけられるが、前者に関しては、他者との関係が常に反復・刷新されなければ人間は均衡状態を保てないということを意味し、後者については、認知環境を安定させる必要に関連している。

第6章　開かれた共同体概念を求めて

社会の老齢化がますます深刻になる先進国では、これから先どのようにして労働人口、そして年金制度を維持してゆくかが大きな問題になっている。二〇〇〇年初めに発表された国連経済社会局人口部の報告「補充移民──人口の減少・高齢化に対する解決策となるか」によると、今から二〇五〇年にかけて、日本における高齢者人口に対する生産年齢人口の比率、つまり扶養人口指数が激減し、現在の数値を維持するためにはこれから五〇年間に合計五億二三五〇万人、一年当たりに換算して平均一〇〇〇万人の外国人労働者を諸外国から受け入れる必要があるという。その場合は、日本の総人口は八億二〇〇〇万人程度に膨れ上がり、その八七%はこれから流入する移民またはその子孫によって占められるという途方もない予測になっている(1)。

人口比にしてたかが一%にも満たない在日朝鮮人に対して、戦後五〇年以上経っても十分な対応ができていない現状を鑑みると、それをはるかに上回る数の外国人を毎年、それも数十年の長きにわたって受け入れ続けることなど到底できるものではない。いったいどのように対処したらよいのか。

むろん、このような単純な計算に基づいた予測どおりに現実は進行しないだろう。例えば女性の労働率を高めるとか、定年の年齢を引き上げるとかで、かなりの補正が図られるには違いない(2)。しかし何らかの抜本的改革が施されない限り問題解決はおぼつかないことも明らかだ。先進国のこのような内情に加えて、第三世界諸国と先進国との間の貧富の差が是正される兆しのない以上、将来にかけて移民問題は深刻さを増しさえすれ、緩和されることは難しいだろう。

ヨーロッパやアメリカ合衆国など、歴史を通して多数の移民を吸収してきた諸国も、最近は外国出身者の同化政策がうまく進行せず、どのような国民形成原理を採用するべきかに関して盛んに討議されている。日本はこれまで移民問題を何とかくぐり抜けてきたが、そのような悠長な状態はもはや許されない。民族問題や異文化受容に関して真剣に議論すべき時期に来ていることを肝に銘じなければならない。この最終章では、今まで主張してきた視点から展望される開かれた共同体概念の構築を試みよう。

多民族・多文化主義の陥穽

日本やドイツに代表される血縁主義的国家概念が批判にふされ、そのような閉鎖的な考え方に代えて多民族・多文化主義が称揚されるようになった。しかし民族を実体視している点においては両者とも変わりないことを忘れてはならない。

多民族・多文化主義は少数派文化の擁護に力を入れ、多様な世界観が共存できる道を模索している。しかし一見正しいようにみえるこの理念にも問題がないわけではない。ニューヨークのハーレムやリトル・チャイナに典型的な例を見るように、ゲットーのような孤立した居住地域が出身民族ごとに形成されやすい。イギリス政府によって最近発表された報告書は、学校・職業・宗教・言語・居住地などに関して、同じイギリス市民であるにもかかわらず、肌の色や出身文化にしたがってほぼ完全に隔離された状況に対して警鐘を鳴らしている(3)。このような分離傾向は、少数派の文化を尊重する前提として民族や文化の差異を実体的に捉える考え方に大きく起因している。

フランスでは外国人排斥政策を前面に打ち出す「国民戦線」という右翼政党が一九八〇年代に擡頭し、またそれに対抗する反人種差別運動の昂揚をみた。外国出身者をフランス文化に強制的に同化させるのではなく、彼らの差異を尊重・擁護しようという主張が各種の人権擁護団体によって「異質性の権利」というスローガンの下に展開された。ところが、その良心的意図とは裏腹に、差異をどのように把握するかという点に関しては、外国人排斥を叫ぶ右翼政党と同様に人権擁護団体の側も文化や民族を実体的に捉えていた。そのため、「それぞれの民族は固有の文化を持っている。だから他の民族に同化させることは人道上も誤っているし、不可能でもある。したがって、フランス文化に溶け込むことのあり得ない外国人に対しては同化政策を強行せず、出身国に帰るような政策を採るべきだ」と強弁する右翼団体に対抗して、反人種差別陣営は有効な理論的反論ができないという事態が生じた。

悪評高い「人種」という表現は現在ではほとんど使われなくなったものの、その代わりに、外国出身者が同化しない論拠として「民族固有の文化」という概念が援用され、外国人隔離・排斥が正当化された。実はこのような議論はなんら新しいものでなく、異文化出身者の同化を不可能視するという意味では、ユダヤ人排斥のためにヒトラーが展開した人種理論と本質的に変わらない。文化が実体視され固定化されることで、以前に人種概念が果たした役割がそのまま踏襲されている[4]。

多民族・多文化主義の問題性はもっと身近な状況にも見ることができる。日本で生まれ、日本語しか話せない多くの在日朝鮮人に対して、彼らを日本人と異質な人々として扱う方針が正しいと一概には言えないだろう。在日朝鮮人のほとんどが実質的に日本文化に同化しているのだから、朝鮮人としての民族性を否定して日本に帰化すればよいなどと言うつもりはまったくない。そのような単純粗雑な結論が誤っているのは言を俟たない。しかしまた同時に、少数派を尊重せんとするばかりに差異を本質視するのでは問題の根本的解決にいたらないことも知らねばならない。

本書は、ドイツや日本など「単一民族国家」が立脚する血縁主義的国家イデオロギーを拒否しながらも、アメリカ合衆国・カナダ・オーストラリアなどの「多民族国家」の方向性にも批判的な立場を採っている。

民族の実体視をしりぞけるという観点からは、普遍主義的発想に基づくフランスの国家理念に本書の立場はより近いと一応は言えるかもしれない。フランス革命が生んだ普遍主義は政治共同体を意識的かつ合理的に構築しようとする壮大な試みであり、民族の血縁神話と訣別せんとするその積極的な姿勢は高く評価するべきだろう。

しかしすでにルソーの思想をめぐって指摘したように、フランス的共和国理念の背景にある近代個人主義的な見方は人間性に対する根本的な誤解に由来している。共同体を生み出すからくりはその構成員に対して隠蔽されなければならない。人間が生きる世界は徹頭徹尾あらゆる次元を通して社会的虚構に支えられているのであり、この自己を円滑に欺く機構が機能しなければ共同体の成立は不可能なのである。

歴史的事実の上からも、また少数派擁護の観点からも、ドイツや日本の血縁主義に問題があるのは明白だが、では普遍主義か多民族・多文化主義のどちらかを採択すべきなのだろうか。以下では、集団同一性に関してこれまで本書が主張してきた立場を貫くことから見えてくる共同体概念を確認しよう。普遍主義と多民族・多文化主義のどちらが正しいのかという二者択一的な問い自体が、民族同一性に対する誤解に基づいているることが理解されるに違いない。

国民形成を妨げる要因

フランス・ドイツ・日本などのような国民国家も初めから「一つの民族」で構成されていたわけではない。しかし長い歴史の中で「フランス人」「ドイツ人」「日本人」という表象が次第にできあがった。外部から入った人々もたいていは十分な時間を経ることで同化してきた。では受け入れ社会に外国出身者が溶け込むのを妨げる要因は何だろうか。いくつかの具体例をとりながらこの点について考えてみよう。

日本には現在およそ六五万人の在日朝鮮人がいる(5)。彼らの圧倒的多数は日本で生まれた二世以降の世代であり、日本語を第一言語として育った人々がほとんどだ。在日朝鮮人が法律上は外国人でも、実質的には日本人とほとんど変わらない状態にある事実を踏まえ、鄭大均《ティ・タイキン》は次のように述べている。

圧倒的多数の在日韓国人にとって、韓国とは父母たちや祖父母たちの故郷ではあっても、自身の故郷ではない。法的にいえば、在日韓国人は日韓の間を往来し、生活地を選択することができる。だが、多くの在日韓国人は自分にそんな選択可能性があることも知らないほどに本国とは無縁な生活をしている。在日韓国人の九〇パーセント以上は日本生まれの世代であり、彼らにとって韓国という国は単なる外国というよりは因縁のある地だとしても、それは外国に近い存在になっているのである。「近くて遠い国」というのは日本人よりも在日韓国人にふさわしい言葉なのである。(6)

在日朝鮮人の帰化者数は年々増加し、一九九五年以降は毎年一万人を超えるようになった。しかし他方、日本への帰化を拒否あるいは躊躇する在日朝鮮人も依然として多い。一九五二年から一九九九年の期間に韓国・朝鮮籍を捨てて日本国籍を取得した人々の数はおよそ二三万人に上る。(7)韓国・朝鮮籍を保持する人々の数が約六五万人だから、その間の死亡者数を無視して単純計算をすると、全体の四分の一強が帰化し、残り四分の三に近い人々が韓国籍あるいは朝鮮籍を保持していることになる。この帰化者の割合は多いと見るべきか、少ないと見るべきか。(8)

彼らの九〇%以上が日本で生まれ、日本語を第一言語として育ち、また彼らの多くが日本語しか話せないという状況、(9)そして南北朝鮮統一の目途がいっこうに立たぬ国際環境の下、「帰国」がほぼ非現実的になり、彼らのうち圧倒的多数がおそらく一生を日本で過ごすだろうという事情を考え合わせたとき、この数字はかなり異常だと言わざるを得ない。居住国での生活歴が数十年にも及び、文化的に高い同質性を持ち、しかも韓国や北朝鮮に対しての心理・文化的靭帯が希薄であり、さらには日本人との結婚率が八割を超える在日朝鮮人において、(10)なぜ帰化率がこれほど低いのか。

単に日本国籍を取得したからといって現実に差別がなくなるわけではないという危惧も帰化が進まない理由の一つだが、より根本的には自己同一性に関する心理的問題が絡んでいるからだろう。(11)『「在日」の思想』において金石範《キム・ソッポム》は次のように述べている。

> 一日本人学生から、どうして在日朝鮮人は自分の祖国とか民族、そして帰化などの問題にこだわるのか、たとえば在ブラジル日本人はブラジル社会に順応してブラジル人として生活しているのに在日朝鮮人はそうでないような気がする、という内容の質問があった。私は、それはそうであって、在日朝鮮人も日本社会に順応していきていかねばならない。しかし順応するということは、その民族の独自性や集団の個別性を消したり捨てることではない。(……)ただ同化とか帰化に抵抗があるのは、日本とブラジルなどとの関係とは違って、在日朝鮮人の場合はブラジル移民のような移民ではなく、過去の日本と朝鮮との不幸な関係、植民地支配の所産であり、その負の歴史をまだ私たちが背負っているからである。たとえばの話だが、日本ではなく、アメリカや中国などへの「帰化」であるなら、私もふくめて多くの在日朝鮮人がほとんど抵抗なしにするだろう……というふうに答えた。[12]
> (強調引用者)

日本の国家権力が在日朝鮮人に対して歴史的に採ってきた政策は、彼らに同化を強制することで民族同一性の感情を危うくし、かえって彼らの民族同一化の運動を強化・維持させるという、まさしく国策者の意図と反対の結果を招いてきた。戦前における日本の行為に対する精算を十全に行うことなく、また差別が現実に続いている状況を無視して同化や帰化を強制しても失敗するのは当然だろう。

在日朝鮮人の活動家・知識人、また朝鮮総聯および民団の指導者は帰化に対してこれまで一貫して反対の立場を取ってきた。例えば朴正浩《パク・ジョンホ》は在日朝鮮人の帰化タブーについて次のように述べる。

> 実は私達、在日韓国・朝鮮人の間では、特に民族活動家の間では、なぜか長い間、国籍問題を論じること自体

をタブー視する雰囲気があった。特に在日同胞一世の中から、いや二世の中でも帰化する者は民族を裏切った者だ、と弾劾するような風潮があった。いくら生活するのに便利だからといって、かつて私達を散々に苦しめた、その日本の国籍を取るなどということは悪魔に魂を売るに等しい行為だ、という考えは一世の中には根強くあったし、私のような二世の中にも少なからず存在している。(13)

韓国・朝鮮籍を保持したままで日本での参政権を要求する運動に対して民族組織が批判的態度を表明してきたのも、政治参加をきっかけにして在日朝鮮人の帰化がなし崩し的に進行し、日本社会に彼らが溶け込んで消滅してしまう懸念があったからだ。(14)在日朝鮮人二世・三世がどんどんと日本文化に同化し、朝鮮人としての民族性が薄れていく状況を憂える一世の苦悩をそこに見ることができる。朝鮮語を理解せず、祖先の文化よりも日本文化に強い親近感を覚えるようになった在日の若者にとって、民族的絆を維持するための最後の砦の役割を韓国・朝鮮籍が果たしている。

在日同胞の日本生まれの世代の大多数は、すでに言葉、生活文化など民族的特性を失っても、辛うじて「国籍」を民族的アイデンティティのよりどころにしている。いいかえれば、「国籍」こそ、在日同胞が日本の「単一民族」への吸収・同化から民族的アイデンティティを守るさいごの砦であり、一世たちが守ってきた貴重な遺産である。(15)

在日韓国人にとって韓国籍を保持しながら日本で民族的に生きていくことの意味を今、改めて考えなければならない。一つは、植民地支配の残滓である創氏改名からすらも解放されていない状況を克服するためにも、民族的主張としての国籍が必要だ。民族名でも帰化を認める現状の中で、国籍は日本でも民族名を名乗ればいいとする議論もある。しかし大多数が民族名を名乗れていない在日社会では民族的に生きるための抵抗概念として国籍という意味が強い(16)。

日立製作所が一九七〇年に引き起こした在日朝鮮人青年に対する就職差別をめぐって争われた裁判において、民族組織指導者だけでなく一般の在日朝鮮人からも、差別にあった原告当人に対して批判の声があがった。そこで注目されるのは、日本の大企業への就職自体が問題視されたことだ。日本国籍取得の拒否と同様に、民族同一性が失われる危機感がその背景にある。日本人との平等を求めるあまりに日本人との差異がなくなり、在日の若者たちがやがて日本人になってしまうことを一世たちは恐れたのだった(17)。この日立裁判闘争に関わった原告側の一人は次のように記している。

日立闘争のなかで、何が困難であったかと問われれば、民族団体、なかんずく総聯が、われわれの運動を、同胞を日本社会に同化させる「ネオ同化主義」の運動だとして「非難」したことであった。あらゆる運動がそうなのだが、運動にとって怖いことは、闘う相手からの攻撃よりも、本来味方であるべきはずの勢力からの攻撃である。「日立に勤めてどうする気か。裁判をやって同化するなど正気の沙汰ではない」。この意見は、総聯をはじめとする、ほとんどの一世たちの声であった。「朴君を囲む会」の韓国人部会の責任者であり、在日大韓キリスト教青年会全国協議会の会長でもあった崔勝久氏は、二世である同協議会のメンバーから、日立にかかわることは同化に手をかすものだという理由で、会長を解任されるという事件まで起きた。(……)筆者にいわせるなら、日本企業への就職の門戸開放に、さらに社会保障の適用に、最も強く反対したのが、一九七〇年代前半における民族団体内部の一世たちだったのである(18)。

帰化に対して少数民族が示すこのような拒否反応は、むろん日本社会だけに限られた現象ではない。民族同一性の危機感が帰化を困難にする事実は、普遍主義を標榜するフランス社会でも同様に観察される。アルジェリアからの移民と東南アジアからの移民とを比較すると、前者のうちでフランスへの帰化者が占める割合は男性一一％、女性一六％に留まるのに対し、後者の場合は男性五四％以上、女性は六三％という数字を示している[19]。

東南アジア出身者が高い帰化率を示す理由を理解するためには、帰化という行為が持つ象徴的意味を考慮する必要がある。彼らの多くは政治亡命者だが、祖国の国籍を捨てて、受け入れ国に行政上の帰化をすることに躊躇がみられないのは、その行為が真の意味において祖国を捨てることにつながらないからだ。つまり彼らが拒否したのは、ある政治体制のもとに組織された社会であって、同一性の拠り所になる文化ではない。東南アジア出身者にとってフランス国籍取得は、自らの文化を放棄してフランス人になってしまうことを必ずしも意味しない。その証拠に、フランスに帰化した者の半数以上（男性五九％、女性六三％）が帰化の理由を「生活や職業上の便宜を図るため」と説明している。

それに対して、フランス植民地主義の圧制に長期にわたって苦しめられ、現在でも厳しい差別にさらされるアルジェリア出身者の場合には、フランスに帰化するという行為がより感情的な意味を帯び、文化の次元を含めた象徴としての祖国に対する、ある種の裏切りとして感じられるために、帰化へのより強い戸惑いが表出されていると解釈できる。アルジェリア出身者においては、実利的方便という冷めた理由から帰化申請をした者の比率は、東南アジア出身者の場合の約半数、男性三一％、女性三五％に留まる[20]。

文化・習慣・身体的特徴などの違いから同化拒否の現象を説明することはできない。すでに第1章で確認したように、東南アジア人に比べてアルジェリア人がフランス人に対してより異質な存在だとは言えない。

また、フランスに帰化する際に元の国籍を放棄しなければならないのか、あるいは二重国籍が認められるのかという点も考慮する必要があるが、二重国籍が認められない東南アジア人の方が高い帰化率を示し、反対に、二国間協定によって自動的に二重国籍者となるアルジェリア出身者の帰化率の方が低い。生来の国籍を放棄しなくてもフランス国籍を取得できるアルジェリア出身者の場合の方が、元の国籍を捨ててフランス人になる東南アジア出身者に比べて、帰化者の割合が高くなるはずなのに、そのような事情にもかかわらず、アルジェリア人は帰化に対して強い拒否反応を示している。アルジェリア人がフランスへの帰化を拒む理由は、在日朝鮮人と同様に、そのことによって自己同一性を失う危機感があるからだ。

多民族・多文化主義を標榜するアメリカ合衆国・カナダ・オーストラリアなどと異なり、フランスは人間の普遍性を謳歌する国家理念を採用しているために、移民の出身別に行政措置を設けたり、社会あるいは文化の面での個別的な政策を採ることが法的に許されない。また国勢調査などの折りに出身地別に統計を取ることさえ控えられている[21]。

しかしそのような建前をよそに、イタリア人・ポーランド人・ポルトガル人など二〇世紀前半に大量流入した移民は出身地別に共同体を形成してきた。またそのおかげで、彼らは慣れた文化環境に生きながら少しずつフランス社会に同化してきた。それはより最近になって入ってきた東南アジア人の場合でも同様で、出身文化の共同体と強く結ばれているおかげで見知らぬ社会環境に孤立することが避けられ、それがかえってフランス文化の受容を促進している[22]。

逆に、同化の程度が著しく低いとしてフランス国内で非難の的になるアルジェリア出身者の場合は、日常生活を支えるアラブ・イスラム文化共同体がフランス社会内で十分発達しておらず、敵意に満ちた社会環境の中で一時的に避難することのできる憩いの場が彼らに与えられていない。このような事情から、安定した民族同一性を確保できないために、その反動としてチャドルの着用や、急進的なイスラム原理主義に身を寄せる傾向が指摘されている[23]。

自らの文化環境から無理矢理引き離されると感ずるとき、ちょうどイソップ物語の「北風と太陽」に出てくる旅人の行動が暗示するように、人は伝統によりしがみつく。共同体の文化に守られ同一性の感覚が保たれるおかげで、かえって変化が可能になる。また逆に変化が可能になることで外部環境への適応が容易になり、ひるがえっては同一性を保持できるという好ましい循環が生まれる。

チュニジア生まれのユダヤ人作家アルベール・メンミは、イスラエルが誕生したことにより世界のユダヤ人が各居住国の文化に同化してゆく条件がやっと整ったという逆説を指摘する。

逆説的ではあるが、同化さえもついに可能になるだろうと私は言った。抑圧の真っ直中においては、同化はまず不可能だった。非ユダヤ人が同化を拒絶していたからだけではない。同化から起こる耐え難い不安のためにユダヤ人自身も同様に拒否していたからだった。（……）今後はユダヤ人が固有の土地・国家・文化を持てるおかげで、同化に向かうユダヤ人を大目に見ることができる。自由な人間になるのと同時に、ユダヤ人はユダヤ性を放棄する自由を獲得する。だから今日では同化について話せるようになったのだ。（……）それは、同化に対する憤慨・非難の気持ちがユダヤ人の意識においてすでに十分に和らいだからだ。

この状況は望ましいのだとはっきりと言っておきたい。同化を望むすべてのユダヤ人にとって同化は正当なものだということを認めなければならない。自らの運命を選択する自由はユダヤ人にも返還されなければならない。ユダヤ人共同体への所属を再確認するのか、あるいは他の共同体を選択するのかを、単なる気分や利益からでも決められるようにならなければならない。他のどの人間にも許される権利がユダヤ人にだけは認められないということがあろうか。イタリア人がフランスに同化したり、ドイツ人がアメリカに同化したりするのと同じことではないのか。しかしここでも忘れてはならない。痛みを伴わないでユダヤ性を消失させることがついに可能になったのは、ユダヤ人国家が存在するおかげなのだ[24]。

在日朝鮮人や在仏アルジェリア人そしてユダヤ人などの少数派は、彼らが居住する社会に完全に溶け込んで固有の民族同一性を消失する方がよいと主張しているのではない。民族同一性を保つべきか、あるいは周囲に同化して民族性を失った方がよいのかという問いの立て方自体がそもそも誤っている。我々人間は常に変化している。変化をすること自体が問題なのではない。強制的に変化させられる、あるいは逆に、変化したい方向に変化できないという事態が問題なのである。

苦しんだ末に宗教の道に入ろうとする人を思い浮かべよう。この人にとっては入信つまり信仰上の変化を遂げることで自己同一性を維持できるのであり、もし入信を禁止され、もとのままの状態にいることを余儀なくされるなら、かえって自己同一性の危機を生み出してしまう。ここでは変化が同一性を救い、無変化が同一性を破壊している。改宗または棄教という自己の変化自体からは何ら問題は発生しない。なりたいものになれないと感ずる時、また、なりたくないものにならなければならないと感ずる時に同一性の危機は訪れる。同一性は固有の内容を持ち得ない。あるのは同一化という運動のみである。

それに居住国の言語・慣習・宗教などを受け入れたからといって、必ずしも少数派の民族同一性が失われるとは限らない。そもそも在日朝鮮人や在仏アルジェリア人の二世・三世たちは、生まれたときから日本文化あるいはフランス文化の中で育ち、いまさら同化するべきか、せざるべきかという問い自体が意味をなさない状況にある[25]。一九六〇年代のアメリカ合衆国において現れた、文化上での均一化が進行すると同時に民族同一性が先鋭化する現象についてはすでに第1章で言及したが、同一性の正体が同一化＝異化作用にあることを理解するならば、周辺文化への同化と民族同一性維持とは必ずしも矛盾しないことがわかるだろう。

日本文化の免疫システム

異文化の受容が必ずしも民族同一性の消失にはつながらない事実、また逆に同一性を維持することでかえって異文化受容が促進される傾向を確認するために、日本の西洋化を例にとって敷衍しておこう。日本人は西洋文化の影響を強く受けながらも、日本人の同一性や「特殊性」を信じてきた[26]。日本人論に執拗に繰り返し現れる「日本人は特殊な民族である」という排他的世界観と、日本文化が外来要素を容易に受容する傾向とがどうして共存できるのか。また、伝統的価値観を強く残しながらも、日本社会は近代化に成功したとよく言われるが、何故それが可能だったのか。

丸山眞男がかつて指摘したように[27]、人の交流という観点からすると、日本は外部に対して非常に閉ざされた社会である。しかし他方、文化面から考えると、日本は外部の文化を自主的にまた貪欲に取り入れてきた歴史を持っている。そういう意味で情報の流れからみると、日本文化は外部に対して開かれている。

前著で詳細に検討したが、要点を以下に簡単に確認しておく[28]。例えばテレビ広告における西洋人の登場率を調べると、五本に一本ぐらいの割合で西洋人がテレビ広告に現れている。また宣伝される商品名の約三分の二は西洋の言葉あるいは西洋風の表現を含んでいる。これらの数字がいかに異常かということをはっきりさせるために、実際に日本に住む西洋人の比率と、テレビ広告における西洋要素の登場率とを比較してみよう。日本に居住する西洋人の割合は日本総人口のおよそ〇・〇五％だから、実際の居住率に比べて西洋人はテレビ広告に四〇〇倍以上の頻度で現れ、商品に関しては約一三〇〇倍の頻度で西洋名が使用されている。実際の西洋人との直接的触れ合いが少ないのに、それとまったく対照的にイメージの世界では西洋要素がこれほど頻出するのは何故だろうか。

結婚式場の広告に注目すると、五本に一本は西洋人の男女カップルが登場する。ところが西洋人男性と日本人女性、あるいは西洋人女性と日本人男性といういわゆる「国際結婚」の組み合わせは少なく両者を併せても八％ほどでしかない。結婚が単なる憧れの対象であり、欲望の投影される遠い場としての役割を果たす限りにおいて、西洋人の存在が好ましい要素になっている。しかし「国際結婚」している二人が画面にはっきりと現れ、現実的な問題として西洋が「日本人の世界」に直接侵入して来るやいなや異質性が感じられ、西洋を拒絶する傾向がここに出ていると言ってよい。広告に登場する西洋のイメージは、実は現実の西洋とずいぶんずれていて、現実においては西洋人を始めとする外国人を日本人は拒否する傾向が強い。それは、外国人との結婚に否定的な態度を一般に日本人がとる事実とも符合する[29]。

また漢字・ひらがな・カタカナという三種類の文字を使う日本語の特殊な表記法は、外来的なものが完全に内部化されずに、それぞれの言葉がどこから来たかを明瞭に区別しているが、これなども異文化要素を取り入れながら同時に閉鎖的機能を作用させるという矛盾した現象の一例だろう。「閉ざされた社会」である日本が、著しい西洋化に示されるような「開かれた文化」を持つという、このパラドックスはどう説いたらよいのか[30]。

この矛盾を解くにあたってはいくつかの方向があり得る。一つの可能性としては、「閉ざされた社会」と「開かれた文化」という二つの現象のどちらかの理解が誤っていると考えることもできる。例えば、日本社会は閉じているというけれど本当に閉じているのかと問い直す。そして日本社会は実は外部に開かれていることを証明するデータを集める。閉鎖的なようにみえてもそれは見かけだけであり、実際には開放的だということが証明できれば、開かれた社会が開かれた文化を持つということになり矛盾でも何でもなくなる。あるいは反対に、日本文化が外部に開かれているというのは表面的な見方であり、本当はやはり閉ざされていると考えることもできるだろう。そうすればやはり、閉鎖社会に閉鎖的文化が宿るわけだから不思議ではなくなり、矛盾を解消できる。

しかしこのようにデータの矛盾を妥協的に解消するのではなく、反対にこの矛盾をもっと極限まで突き詰める、つまり逆に矛盾をもっと先鋭化することからより満足な解答が生まれないだろうか。

比喩的に免疫の例を取ってみよう。生物は常に外界と物質・情報の交換を行っている。人間の消化管の内面は微細なひだを無数に持つが、それを延ばせば四〇〇平方メートル、すなわちテニスコートほぼ二面分にも達すると言われる。単純化すれば人間の身体は一本の土管のようなものであり、胃や腸などの消化管の中というのは実は身体の内部ではなく、解剖学的にみれば身体の外部になる。人間は皮膚や感覚器官を通してだけでなく、皮膚に比べようもなく大きな表面積をもつ消化管内腔の粘膜を介しても外界とコミュニケーションを保っている。しかし人間あるいは生物は何でも無条件に取り入れるのではない。自己を破壊する危険性をもつ異物は非自己として濾過装置にかけて排除しながら、外界との物質交換をする。つまり外部に対して自己を閉じながら同時に開いている、あるいは閉じるからこそ開くことができるようになると言ってよい。

このような免疫のイメージとの類推から、日本社会は閉ざされているのにもかかわらず、その文化が開いているのではなく、逆に、社会が閉ざされているからこそ、その文化が開くのではないかという仮説が立てられるだろう。

もちろん、これだけでは比喩にすぎず説明になっていない。異文化受容のプロセスに則した論証が必要なのはいうまでもない。前著では、西洋世界と日本との関係、すなわち情報源と情報の受け手との間の接触形態、そして日本社会の内部で情報がどのように伝達されるのかという対人コミュニケーションの構造、この二つの要因に焦点を当てて考察したが、ここでは前者に関する要点のみ確認しておく[31]。

日本の西洋化の場合のように、主に間接的な接触を通して異文化受容がなされる場合には[32]、異文化受容を促進する要因として次の三点が考えられる。

まず第一に、外来情報が元の文脈から切り離されて入ってくるので、どのような具体的状況の中に外来情報が位置づけられていたかが無視されやすい。したがってそのように孤立化された情報は、日本文化の磁場作用を受けて意味内容に変化が起きやすい。このように外国(情報源)との関係が間接的になればなるほど、異文化から入ってくる情報の一部が排除されたり、あるいは反対に現実とは違った意味が加えられる可能性が高くなる。この変化の過程は第4章で詳しく論じたとおりである。言い換えれば、異文化との接触が間接的なおかげで、入ってくる異文化要素に変化が起こり、日本人の世界観をあまり逆撫でしないような仕方で異文化要素が入ってくる。

またさらには、情報源との接触が間接的であるために、元の情報とのズレがあってもそれを修正するフィードバックが起こりにくいので、変化したままで異文化要素が定着しやすいという点にも注目するべきだろう。

例えば「フェミニスト」という外来語がある。一昔前なら「彼は女性に優しいフェミニストだ」などという文脈で使用されたように、この言葉は「女に甘い男」を意味していた。言うまでもなく英語の feminist という言葉は「男女同権論者」を意味し、男女差別に対して闘う人々、特に女性を形容するための詞であり、日本語のフェミニストは西洋語の原義から大きなズレを起こしている。

西洋で起こった女性解放という社会運動が日本に紹介された時、日本社会はそのような思想を受け入れる状況にはなかった。したがって、例えば家事・育児を女性が担い、主に男性が収入を稼ぐといった、社会で果たす役割が性別により規定されやすい日本社会において、伝統的価値を逆撫でするこの異質な概念が日常会話にそのままの意味で定着するのは難しい。

そのとき既存の価値観とこの新しい発想との非互換性から生じる緊張・葛藤の中で〈異物〉の変容が生じる。逆にいうならば、受け入れ社会の規範に抵触しないような適当な変容を被った後でなければ外来要素は拒絶される。「女は弱い存在だから保護してやらねばならない。今までのように横暴に振る舞うのでなく、優しくいたわらなければいけない。西洋ではレディ・ファーストが常識だ」などと歪曲されてフェミニズムが理解されれば、その当時の日本人が持っていた価値観の根本の部分――「男女は本質的に異なる」あるいは「女性は男性に比べて劣り弱い存在である」などという信仰――と矛盾しなくなる。そして同時に、男女同権論者はこのような「女性擁護」の姿勢をこそ打倒しようとしたのだという事実は背景に遠のいてしまう。言い換えるならば、異質な概念の肝心な部分を骨抜きにし解毒するゆえに、受け入れ文化側の根本的破壊を免れながら、〈異物〉の迅速な取り込みに成功するのだと言ってよいだろう。

もし日本に西洋人が多く住んでいたとしたら、「彼はフェミニストだから、女性にお世辞を言うのがうまい」などと言えば、意味のズレに気づき、すぐに修正されるだろう。しかし情報源と直接に接触していないために、日本で言っていることが向こうに伝わらないし、外国からのフィードバックもないので間違ったままで定着しやすい。

次に、異文化受容を促進する第二の要因として、情報源と情報内容とが分離されやすいという点を挙げることができる。ある価値を受け入れる場合には同時に、その発信源への心理的同一化を誘発するので異文化受容が抑制されやすい。しかし情報源と情報内容とが十分に切り離されるならば、〈異物〉を受け入れることが必ずしも〈異人〉に変身することを意味しないので、同一性を脅かされない。したがって異文化受容が容易になる。

福沢諭吉は「脱亜論」において、アジアの民と袂を分かって西洋の一員になるべきだと提唱したが、アジアという「今あるところ」から脱出して、自らを変身させて他者になろうというこの決断は、よく考えてみると驚くべきことだろう。なぜ福沢はこのようなことが言えたのか、また紆余曲折はあったにしても最終的には日本人が福沢の指針に従ったのは何故なのか。それは、間接的接触のおかげで自己同一性を維持しながら異文化受容がなされたために、西洋の一員になっても日本人たることをやめるわけではない、日本人の根幹の部分は変わることがないという確信があったからなのだ。

福沢は『文明論之概略』の中で、断髪したり牛鍋を食うことで文明開化できると思っている人々を揶揄して、そんな猿真似をすることが文明化ではないのだと批判した[33]。福沢にとって文明開化とは、できてしまった制度や思想を摂取することではなくて、その制度なり思想なりを培ってきた背景にある精神そのものを学ぶことを意味している。和魂洋才などという単純な発想とは訣別し、文明の外形を取り入れるのではなく、文明化という動的なプロセスの受容に努めよと福沢は説いたのだった[34]。

これは他の言い方をするならば、西洋化ではなく近代化を目指せということになる。西洋という文明の特殊形態を真似るのではなく、その背後に隠れている近代性という普遍的価値のみを受け入れよ。そうならば別に西洋人にならなくても、より近代化した日本人として自らを形成することが可能になる。異文化受容によって必ずしも日本人の同一性を失うことにはならない。

第三の要因としては、情報源と直接的に接しないので、異文化を押しつけられにくいという事実を挙げられる。ある時代において、これを変えたらもう日本人でなくなってしまうという感じを覚えさせる本質的あるいは中心的価値もあれば、少々変化しても別に問題ないような副次的というか周辺的価値もある。変化が中心的価値の分野に抵触すればするほど各人の抵抗は強くなる。それに対して、中心部からの正面衝突をしないような形で周辺部から変化が導入される時は、集団同一性が質的に変容したという感覚を生み出さず情報の受容が円滑になされる。周辺部が緩衝地帯のような役割を果たし、集団同一性が維持されているという感覚を可能にする(35)。

ところが植民地にされるなどして他国の支配下にあれば、様々な分野の要素が日本に無理やり押しつけられ、その結果として日本文化が歪められる。しかし間接的接触の場合はそのような強制的な受容が起こらず、いやな要素は取り入れなくてすむ。したがって日本人の同一性を危機に陥らせるような要素は拒否し、その他の危険でない分野に限って異文化受容ができる。

自らの中心部分を守っているという感覚あるいは錯覚を維持しながら同時に自分自身を変化させることが可能ならば、異文化に対する拒否反応は弱くなる。すなわち、日本は外部に対して閉じているにもかかわらず開いているのではなく、まさに社会が閉じているがゆえにその文化が開かれるのだ(36)。

このように日本文化の開放性は社会の閉鎖性を前提にしている。つまり日本の異文化受容は外国人を排除してきた歴史につながっている。しかしそのことは、これからも外国人を排除し続けなければ日本は異文化受容ができないという意味ではもちろんない。本書が主張する同一性維持と変化の相補性はそのような短絡的な発想で捉えてはならない。大切なのは社会を閉鎖するとかいう個々の具体的条件ではなく、より一般的な意味で、自らの本質的部分は維持できるという感覚を可能にするような何らかの機構が働くことなのである。

西洋という恐るべき対象に日本が出会ったとき、社会の閉鎖性のおかげで自己同一性の危機に陥らず西洋化に対応できたように、朝鮮人など日本に住む少数派にも同一性を確保できるような環境を提供しなければならない。それがひいては彼らの自主的変化を促すことにつながり、多数派との間の軋轢を減らす方向に社会が変革されてゆくに違いない。

集団同一性の変化

民族を始めとする集団同一性をモノとしてではなく、社会構成員間で営まれる相互作用の運動として把握することで、集団同一性が変化する過程の説明をこれまで色々な角度から試みた。その点を少々敷衍しながら、同一性の変化という、表現自体からして自己矛盾しているような事態を考察する際に出会う認識論上の問題をこの辺で整理しておこう。

民族同一性の変遷を理解する際に生じる問題の所在を明らかにするために、先ほどのように同一性を中心的価値と周辺的価値とに分けて考えてみる(37)。中心的部分に属する事項は変更を受けにくいのに対して、周辺的部分であれば容易に異文化要素を受容できる。したがって異文化が与える衝撃はまず周辺部において吸収され緩衝される。そのおかげで、異文化受容による自己の客観的変化にもかかわらず、文化・民族同一性が維持されているという主観的感覚が保たれる。周辺部が緩衝器の役割を果たすために、中心部は守られながらも徐々に変化が可能になる。このような構図で集団同一性の変化をモデル化できる。

しかしこの考えを推し進めると、実は困った問題が生じてしまう。同一性が破壊されないように周辺部からのみ異物が受容されるか、あるいは中心部に抵触する異文化要素はその意味変容を経た後でなければ受容されないとするならば、中心部はいつまで経っても変化し得ない。したがって集団同一性を保証する本質的部分の変化が説明できなくなる。どうしたらこのアポリアが解けるだろうか。

この問いに対する答えとして通常提示されるのは、集団同一性を構成する全ての要素の間で互いに維持される関係群全体に注目し、各要素の意味はこれら要素全体の関係群の中でのみ決定されるというゲシュタルト的な発想だろう。つまり要素の意味はそれ自体では規定されえず全体的布置の中でしか考えることができない、そして、異質な要素が導入された際には既存構成要素間の関係を新たにし全体的布置を変化させるために、導入される異文化要素の各々は取るに足らないものであっても、またそれが周辺部分に属するものであろうとも、内化される外的要素が累積されていけば、同一性を支える中心部分もいつかは変化せざるを得ないと考えるのである[38]。

しかしこの解決策の行方には認識論上の大きな障害が待ちかまえている。この発想においては、集団同一性がその集団自体に内在する性質として把握されている。しかしこのように一項だけで完結する実体的対象を定立すると、その対象が質的に変化する際に現れる各相の移行をどのように説明するかという大変な難問に不可避的にぶつかる[39]。

温度の量的な変化を通して水は個体・液体・気体という質的に異なった相を示す。この例を念頭におくと確かに、量的変化の蓄積がついには質的飛躍を導くというヘーゲルのテーゼの正しさが納得されるかもしれない。しかしよく考えてみるとこの質的変化は、我々人間が日常的に観察する巨視的次元にだけ現れるのであり、電子顕微鏡が映し出す微視的次元においては、この劇的な変化も実は水分子群が相互に結びつけられている状態の変化すなわち量的な変化にすぎず、水分子自体が他の性質を帯びるという意味での質的変化はまったく生じていない。したがって、ある変化に対して質的だと規定するかあるいは量的だと規定するかは、我々が採用する観察次元の違いによることがわかる。

質とは、対象に内在する実体的性質ではなく、その対象を観察する主体によって構成される現象である。実体を定立する倒錯した構図においては、同一性を生み出す根源が隠蔽されている。同一性の根拠は内在的性質にではなく、同一化という不断に繰り返される運動に求めなければならない。集団同一性を実体的に捉えるのではなく、共同体構成員の相互作用が生成する虚構の産物としてこのように理解すれば、質を量に還元するという離れ業をする必要はもはやない。

同一性は人間によって各瞬間毎に構成されている。集団同一性が実体的に存在するという誤認をするから、同一性の変化というパラドックスにぶちあたり右往左往してしまうのだ。見方を一八〇度ぐるりと反転させよう。実は我々の世界は数限りない断続の群れから成っている。しかし他者との相互作用の中で密かに生み出される虚構の物語のおかげで、世界が連続しているという感覚が捏造される。民族は一瞬たりとも同一性を保っていない。民族は常に変化し、構成要素の更新が止むことはない。結局のところ我々が解明しなければならないのは、民族同一性がどのように変化するかではない。民族という虚構がどのようにして生み出され、どのような過程を通して各瞬間毎に再構成されているかなのである。

構成員間の相互作用から生まれる様々な表象群のうち、一定の期間だけ優勢な位置を占めるものとして集団同一性を捉えよう。このことはダーウィン進化論との比喩を考えるとわかりやすいだろう。前章ですでに述べたように、自然淘汰の圧力を受けるのは種自体ではない。種の変化を担う実際の単位は個体であり、個体が自然淘汰を受けることを通して集合としての種が進化してゆく。それと同様に、集団同一性は実体的に理解するのではなく、他者との相互作用におかれた各個人が持つ表象を分析単位として据えなければならない。

集団同一性というモノが自律して運動をしているかのごとき記述をやめて、あくまで人間が共に生活をする中で構成される集団現象として理解しよう。つまり集団同一性というモノがどのように変遷するかという問いの立て方をやめて、その代わりに、同じ共同体に生きる他者との相互作用におかれた人間がどのようにして共同体に関する記憶の内容を変更してゆくのかと問うのである。

さて、そうすると先ほどの「中心」と「周辺」という表現はどういう意味に理解するべきだろうか。時間を超えて同一性を保持する本質や内在的に完結した対象などは存在しないと説きながら、どうして「中心」や「周辺」に言及できるのか。論理的に矛盾していないだろうか。

この疑問に対しては次のように考えればよい。フレドリック・バースが提唱した関係主義的な民族概念に依拠しながら、集団同一性は固有な文化内容に支えられるのではなく、歴史的文脈と社会状況の中で主観的に構成される民族集団の境界が集団同一性の正体だと第1章で述べた。数限りない要素のうちから、集団同一性の象徴としていくつかの要素が主観的に選択・意識されるとともに、そのような特権的地位を与えられない他の要素が見過ごされることを通して、複数の集団を分け隔てる境界が現れる。

したがって、境界を成立させている中心的要素以外の文化要素を一つの民族集団が他の集団から受容しても、両集団の境界自体は消滅したり曖昧になったりしない。逆から言うならば、この中心的要素を守りさえすれば各集団の間の境界=差異は維持され、同一性を脅かされることがない。したがって、「中心」を保護することがかえって「周辺」的価値の受容を容易にする。

つまりここで「中心」と呼ばれるものは、主観的に感知された集団間の差異=境界を生み出す象徴的要素群のことであり、それに対して「周辺」とは、集団を分離するための基準として機能しない要素群を意味している。したがって、「中心」や「周辺」は固定した客観的領域として捉えられているのではない。表現は逆説的になるが、集団同一性の「中心」の役割を機能的な意味で果たすのは集団間の境界なのである。

「中心」や「周辺」は実体化するのでなく、このように機能の観点から捉えなければならない。また、どの要素が中心的役割を担わされるかについては歴史・社会的状況によって決定されるのであり、要素の客観的性質自体からその中心性あるいは周辺性を規定することはできない。

ある時点において中心的価値をなすと感じ取られる部分への急激な変化を避けるための条件が満足されるならば、周辺的だと表象される部分から比較的容易に変化を受け入れることが可能になると主張してきた。その点を理解するために、次のような比喩に訴えることは無駄でないだろう。

テレビの画面は一秒間に数十回更新される。したがって画面に映る風景や人物の像は実際には何度も中断されている。しかしその変化が徐々にまた連続的に生じるために、登場する人物や風景の同一性が錯覚される。画像更新の頻度が低下すれば、過去にあった分解写真のように、人物などが断続的に位置を変えて見えるようになり、その同一性の感覚に亀裂が入る。

高画質テレビの開発にともなって、単位時間に送られる情報量が急激に増加し、従来の送信方式では必要な情報量を処理できないという状況が生じた。すなわち、画面の隅から隅まで完全に情報を入れ替えるだけの余裕が送信能力にない。そのために人間の視覚機構の盲点を利用して、あまり注意が向けられない部分については情報更新の手抜きを行いつつ、重要な部分のみの更新に情報処理能力を集中することが考案された。注意が集中されない部分では更新頻度が低いために、画像の変化が実際には断続的になるが、そのような急激な変化が起こるのは認知的に鈍感な領域においてなので見過ごされ、結局、画像が連続して感知される。

民族の同一性が次第に変遷する過程も、このようなごまかしの手口に似ている。同一性を支える「中心」は何ら客観的根拠を持っていない。時間が経過するにしたがい、「中心」の機能を果たす象徴的要素もゆっくりと、しかし不可避的に他の要素によって取って代わられてゆく。第1章で言及したケベック人の例のように、彼らとそれ以外のカナダ住民を隔てるシンボルの役割を長いあいだ果たしていたのは、カトリック対プロテスタントという宗教対立だった。それが現在では言語の違いが前面に出されている。ちょうどテレビ画像全体の布置の変遷に応じて、目立つ部分がどんどんと移動してゆくように、歴史的状況の中で営まれる人間の相互作用の下に、「中心」即ち他集団と自らとを分かつ象徴的要素は他の要素によって徐々に置換されてゆくのだ。

文化というモノが実在するのではない。社会に侵入する異質な文化要素を受容したり、拒否したりするのは社会に生きる実際の人間であって文化自体ではない。集団同一性や集団的記憶を実際に支え、維持し、変容させているのは相互作用におかれた人間たちに他ならない。その事実を忘れて、まるで集団的記憶や文化が一人歩きをするように錯覚している限り、その変化がどうして起きるのかを説明することはできない。

集団同一性を自己完結したモノとして扱うことをやめ、そのブラック・ボックスの中を覗かねばならない。そしてそれは、共同体に属する人々の間でどのような影響が起きるのかを検討することにつながる。

影響の新しい見方

ところで、変化を説明するためには影響に関する常識を見直さなければならない[40]。

他人に影響されると言うと普通、否定的な意味にとられて、もっと自律しなければいけないとか、自らの頭を使って考えよという反省の声が上がる。影響は自由の敵のように扱われる。しかしそれは影響に対する誤解ないしは浅薄な理解にすぎない。記憶について検討した第4章で示したように、自律しているという感覚の維持は人間の生にとって不可欠だが、そのことはしかし実際に人間が他者から影響を受けない自律的存在だということを意味しない。

また影響は権力・権威・名声などに結びつけられやすいが、それは影響を受動的な過程だとする偏見からきている。そのような静的なイメージと実状は異なり、影響は他者から一方的に被るようなものではない。

社会心理学の分野では、影響に関する膨大な研究が戦前からなされ、社会の多数派あるいは権力や権威を持った人々の意見に、力を持たない少数派が影響される傾向が調べられてきた。あるテーマに関して周囲の多くの人々が自分と異なった意見を持っている場合、初めは反対していてもそのうちに何となく自分が間違っているような気になるものだ。物体の強度を調べるのならば、例えば金槌で実際にたたいてみて壊れるかどうかを試験すればよいが、我々の日常生活環境は客観的にその正否を確かめられる情報ばかりでは成り立っていない。したがって、社会で日々引き起こされる諸事件の信憑性や芸術作品の評価など多くの分野において、他人の意見・判断と比較して自らの認識の正しさを確認せざるを得ない。あるいは同性愛など社会でタブーになっている事柄を取り上げてもよい。いくら自分の信念が固くとも、周囲の人々による嘲笑や差別など社会的制裁を招くような状況では、それに逆らって自らの信ずる通りに発言し、行動するのは難しい。そこで自己防衛のために同性愛者である事実を隠さざるを得ない。このように、社会規範が誤っていると自分では信じていても、長いものにはまかれろという格言通り、「常識」や「良識」にそった行動を普通はとる。

もし多数派から少数派へという方向に影響が働かなければ、逸脱者が勝手なことをして闘争が絶えないだろう。子供が社会規範を学ぶこともあり得ないし、道徳が遵守されなくなる。それどころか、そもそも道徳の存在そのものが消失してしまうに違いない。したがって、社会で支配的地位を占める多数派によって少数派が影響される過程がなければ社会生活は機能し得ない。

しかし一九七〇年代に入るとフランスのセルジュ・モスコヴィッシを中心に、このような常識的発想に対して異議が唱えられ始める。影響は必ず多数派から少数派という方向に行使されると考えるならば、論理的に言って、逸脱する個人は現存する社会規範を受け入れるか、さもなくば社会から排除されるしかない。ということは、既存の価値や規範がいつまでも維持されることになり、社会変動の説明が困難になってしまう。

また歴史的事実に照らし合わせてもこのような発想には問題がある。キリスト・ガリレイ・フロイトなどの例を出すまでもなく、真に革新的な思想・価値観は常に社会規範に逆らって伝播してきた。数の上で少数派であるだけでなく、威信にも権力にも欠けていた彼らは、当時の社会から非難や虐待を受けながらその信念を説いてきた。ジャズはアメリカ合衆国のみならず世界各地で完全に市民権を得たが、これももとはと言えば黒人奴隷が作り出し、伝えてきた音楽であることを忘れるべきでない。あるいは一九六〇年代から吹き荒れた黒人意識運動の嵐や、女性解放運動そして性革命が社会規範を根底から揺るがした事実をどう説明するのか。

影響は「上」から「下」に流れるという常識に挑戦して、むしろ社会の真の変革は少数派によってのみ可能だというように、発想の根本的な切り替えをしなければならない。以下、モスコヴィッシが提唱する少数派影響理論を簡単に紹介しておこう(41)。

会社の上司や学校の教師のように広義の権力を行使する者の眼前では、その意見に公然と反対すると後で報復を受ける恐れがあるため、部下や学生はその意見に本当には納得しなくても、「ごもっともでございます」などと答えてお茶を濁し、事なきを得ようとするだろう。しかし、この権力者がいないところでは、当然ながら建前を捨てて本音が出る。あるいは芸術家や評論家など、ある分野で権威を誇る人の高説を拝聴すると、「なるほど。さすが専門家の言うことは違う」などとすぐに思ってしまって、その内容を深く吟味することもせず権威者の考えを受け入れやすい。

しかし、このように自分の頭を使わず、ただ単にエライ先生の言葉だから正しいに違いないというのでは、本当の所は何も分かっておらず、実際は以前と同じ行動を無意識的にとり続けたりするものだ。すなわち、権力・権威・声望などを有する多数派が影響を行使する際には、その影響効果が表面上の浅薄な追従の形をとることが多く、長く継続し無意識にまで到達するような深い影響は与えにくい。影響源である多数派が目の前にいるか、あるいは実際にはいなくても心理的圧力を与える間は、影響源の提示する意見・判断を受け入れる(または受け入れる振りをする)が、その影響源が物理的にまたは心理的に消え去るやいなや、人は多数派の権力・権威・声望などの呪縛から逃れ、自らが持っていた意見・判断・信条を取り戻す。

それに比べて少数派が影響を行使しようとする場合は、すぐにその効果が顕在化することは少なく、それどころか往々にして反発を引き起こすことが多い。少数派と同じ立場を公然と表明すると、嘲笑をかったり社会的制裁を受けやすい。また軽蔑の対象になりやすい少数派に対しては誰でも心理的な同一化を避けるため、どうしても少数派の影響は拒絶されがちになる。しかしこのことは、少数派による影響の可能性を否定するのでは決してない。少数派の影響効果は間接的かつ無意識的な形で現れるから見逃しやすいだけだ。具体例を一つ挙げよう(42)。

暗室に六人の被験者が入って、白いスクリーンに投影された青色スライドの色彩判断、および光の投射を停止した際に知覚される残像色の評定を行う(残像色は、スライド色と補色の関係、すなわち青色に対しては橙色となる)。

まず第一段階として、スライド色と残像色とを各自判断し、与えられた質問用紙に何色か回答を無言のまま記入する(スライド色に関しては青から緑までを、また残像色に関しては橙から紫までを連続的に%表示した段階尺度で評定する)。このようにして影響前の各被験者の知覚を測定する。

次の第二段階では、スライド色のみを実験参加者が順に口頭で回答し、これを一五回ほど繰り返す。ところがこのとき不思議なことが起きる。スライド色は明らかに青色であるはずなのに、参加者の数人は自信を持って一貫して「緑」と答えるのだ。ここがこの実験のミソだが、実は被験者と思わせてサクラが加わっており、その回答によって被験者がどのように影響されるかを検討するのである。影響条件としては、四人の被験者に対してサクラが二人加わる場合（少数派影響源）と、反対に被験者が二人に対してサクラが四人の場合（多数派影響源）とを比較する。

次の第三段階では、第一段階とまったく同様にスライド色と残像色とに関する判断を質問用紙に無言で記入する。この段階で得られた数値を第一段階（影響前）での数値と比較することによって、第二段階においてサクラが口頭で示した判断に影響を受けたかどうかを調べることができる。

さて結果はどうか。口頭判断をする第二段階に先ず注目すると、影響源が多数派の場合は被験者の一部がサクラにつられて、「そう言われれば少し緑がかっているような気がする」と答えるなど、若干だが影響の傾向が見受けられる。それに対して影響源が少数派の場合はこのような反応はまったく現れず、サクラの回答に首を傾げたり嘲笑したりする様子が観察される。

無言で各自の判断を質問用紙に記入する第三段階においても、スライド色の判断については口頭回答の段階と同様に、多数派影響源の方が少数派よりも顕著な影響を及ぼすという当然の結果が出ている。

しかし残像色に関する無意識的な影響については、事情がまったく異なっている。多数派影響源と一緒にいる被験者は橙色（青色の補色）の残像を知覚し続けるが、少数派の影響下におかれた被験者は赤紫色（緑色の補色）の残像を知覚するようになる。つまり、多数派影響源の場合にはほとんど影響効果が現れないのに、不思議なことに、少数派影響源の場合には顕著な影響効果が出ているのである。

意識的な知覚変化を起こしてスライドが緑色に見えるようになるのは多数派の影響を受けた場合であり、影響源が少数派の場合はこのような意識的な知覚変化はもたらされない。しかし、無意識の次元においてはこれと反対に、少数派の影響下におかれた被験者は、スライド色が緑色であると本人も知らずに「知覚」する。それに対して影響源が多数派だと真の影響は行使されず、本人自身スライドが緑色に見えているつもりでも、無意識の次元では青色だと「知覚」し続けている。(43)

残像がスライドの補色に対応することを知る被験者はいても、青色や緑色の補色が実際に何色であるかについて正確な知識を持つ者は皆無に近い。したがって、自分が無意識的に影響されてもそれに気づかないため、少数派に影響されることに対する拒否反応を示さないのである。(44)

この実験においてさらに注目すべきは、適当な口実の下にサクラが実験室を去った後に、少数派が行使する無意識的な影響がますます強まる事実だ(多数派の場合は反対に、時間が経つにつれて影響効果は減少する)。

少数派と同じ立場を意識的にあるいは公然と採ることは、自分自身が少数派の一員に分類されることを社会的にあるいは心理的に意味する。そのために、その場では影響源の主張を退けたり、意識の上では反対の立場をとり続ける。しかし本人も知らずに影響を受けているので、時間差を伴って影響効果が現れる場合が多い。情報源が眼前にいたり、また心理的にその存在をちらつかせているときは影響が現れずに、後ほど時間が経ってから影響が強くなる現象の例として、ある学者の次のような逸話を紹介しておこう。

ある朝のこと、不意に独創的な考えが浮かんだ。嬉しくてたまらない。一刻も早く同僚に話して自慢したい気持ちで研究室に出かけ、同僚を集めてその考えを自信満々で披露した。ところが予想に反して同僚の反応はかんばしくない。特に弟子の一人は冷やかしの笑みさえ浮かべている。ついに我慢しきれなくなり意見を促した時、それまで黙って冷笑していた弟子が、「その理論は正しいと思います。でもそれは私自身が学位論文の中で展開した考えではないですか」と答えた。驚いた教授はすぐにその弟子の論文を書庫から引き出して頁を繰った。確かにその理論は一年半ほど前に自らが審査したこの弟子の論文にほとんど一字一句違わず展開されていた。それだけでなく、何とそこには教授自身の筆跡で「否。この考えは間違っている」と記されていたという。[45]

弟子（少数派影響源）の主張を退けておきながらも無意識的には影響を受けており、後になってその効果が顕在した様子がこの逸話によく現れている。そしてその際には影響源が何であったかも忘却され、影響の内容のみが受容されている。

まるで時限爆弾か、一定の潜伏期間を経て発病するウイルスのようだが、影響源が少数派である場合は、このように他者による影響の結果でも、自らが選択した判断であるかのごとく感じられやすい。影響源の特徴すなわちその少数派性と、その主張自体とが切り離されて、主張内容そのものが根本的に吟味し直される場合には、権威や権力に寄りかかることのできない少数派でも影響を行使できる。

影響効果が遅れて発露したり、影響が無意識に行使される現象は、一般に影響源が権力・権威・声望などを持たない場合（少数派影響源）に観察され、上に紹介した知覚の分野だけでなく、例えば公害・人種差別・妊娠中絶・死刑など社会問題に対する態度に関しても実証されている。[46]

影響と創造

ところで、多数派の影響が表層に留まるのに、なぜ少数派は深層にまでいたる実質的影響効果をもたらすのだろうか。影響源と相互作用下にある一人の個人を想像してみよう。少年犯罪の増加、環境問題、死刑廃止の是非、芸術・料理の好みなど、社会生活において我々が問題にする様々な対象について、影響源（個人、集団、マスコミなどの情報源）とこの個人との間に意見の相違があるとしよう。意見対立から心理的葛藤が生じるが、それは次の三つの方法で解消できる。

先ず第一に、多数派影響源の権力・権威に寄り掛かって、その主張するところに同意してしまえば心理的葛藤はなくなる。つまり、問題になっている対象自体に目をつむり、影響源に無批判に追従するのである。

例えば一流のフランス・レストランに出かけたとしよう。ソムリエが色々な能書きを並べながらワインを勧める。ただでさえ気取った雰囲気に戸惑っているところに、さらに専門家の権威による心理的圧迫を受けて、肝心のワインの味・香りを吟味するどころではない。ソムリエの指摘する特徴を無理にでも感じとれるように、いわば自己催眠をかけて「確かにそんな感じがする」と思いこんだり、本当は納得していなくても周囲の人に対して通を気取るために「ええ、おっしゃる通りです」などと発言するかもしれない。

しかし、このように対象自体に注意が向かわないのでは、ワインの好みそのものは何ら変化をこうむらない。後日、ラベルや瓶などの特徴を隠して同じワインを出されても、「やはり先日のワインの方が味わいがありましたね。何となくコクがあって、云々」などと講釈しかねない。影響源が多数派の場合は、その権威・権力に目が眩んでしまうため、肝心の対象に関する認知構造が変化しない、したがって権力者・権威者がいなくなれば影響効果は維持されない。このような方法で葛藤処理がなされるのは、影響源が多数派の時に当然ながら起こりやすく、権威・権力を持たない少数派影響源の場合にはあり得ない[47]。

第二に、影響源の主張を影響源の個別的・内在的性質のせいにすれば、意見の相違は正当化される。つまり、影響源が「味音痴」であることを知っているならば、ワインについての意見が自分と異なっても少しも不思議でない。あるいは色彩知覚の例をとるならば、色盲の影響源が青のスライドを「緑」だと判断しても何ら心理的葛藤は生じない。したがってこの場合にも影響は行使されない。

体制批判者の社会的影響を骨抜きにするために、全体主義社会の権力がこのような手段に訴える事実はよく知られている。危険分子に精神異常者のレッテルを貼って精神病院に閉じこめるのは、単に刑務所に入れて物理的に隔離するだけではその影響力を完全に抹殺できないからだ。この例からもわかるように、影響源が少数派である場合に、この第二の方向で心理的葛藤の処理がなされやすい[48]。

したがって、少数派が影響力を効果的に行使できるのは次の第三の場合に限られる。影響源が一貫性を持ってその意見・判断を主張し続けるならば、また影響源を構成するのが一人でなく複数の場合は、その全員が一糸乱れることなく同じ見解を堅固に維持するならば、その主張に何らかの根拠があるのではないかという疑問が起きるだろう。一度だけの判断なら影響源が誤ったということも考えられる。しかし確信を持って何度も執拗に繰り返される意見だ。また一人だけならその個人的偏向とも考えられようが、何人もが（多数派という意味ではない）同じ立場を表明するのだから、まったく根拠のない訳でもないだろう。社会から孤立させられる危険に抗しても同じ主張を続けるのは何故なのか。もしかするとその意見には一理あるのかもしれない。そんな心の動きから、人は影響源の個別的性質にではなく、問題になっている対象自体に注目させられるようになる。

こうして、影響源が誰かということは別問題として切り離されて、対象そのものが根本的に吟味し直される。つまり影響源の個別的性質を括弧にくくって（影響源を忘れることとは限らないが）、その主張はそれとして考慮するようになる。葛藤解消の第一の方法が、対象に目をつむって影響源の権威に依拠したのとちょうど対照的になる。

ところで、主張される内容自体が検討にふされるということは、影響源が発するメッセージをそのままでは受け入れないということを意味する。例えば「妊娠中絶は女性の基本的権利である」という命題が主張されたとしよう。このとき、主張を頭から受け入れるのではなく、主張の正しさを自ら批判的に検討する過程で、メッセージの内容自体を超えて、そこで問題になっているイデオロギー背景も含めて広い見地から問い直す。すなわち、妊娠中絶だけでなくそれに隣接する他の諸問題、男女平等や性の自由、生命に関する見方、脳死問題や死刑の是非などをも深く考え直す誘因になる。言い換えるならば、少数派による影響は単なる模倣過程ではありえず、異なった意見群の間の格闘から新たな価値が生み出される創造過程として把握される(49)。

影響とは他者から一方的に被るようなものではない。他者はいわば化学反応における触媒のような役を果たす。この触媒に触発されて人は自らを変革するのだと言ってもよい。もちろん化学反応における触媒とは違い、他者は不活性のままに留まるわけではない。相互作用の中で他者も同時に影響されてゆく。双手を打ち合わせて聞こえる音が左手から出ているわけでも、また右手から出ているわけでもないように、変化の源は情報の「送り手」にもまた「受け手」にも存在しない。まさしくその〈間〉すなわち関係から変化が生成されてくるのだ。

何が問題なのか

さて、多民族・多文化主義が陥りやすい、出身民族・文化ごとに市民を分離する傾向と、普遍主義にしばしば見られる少数派を抑圧する傾向とを同時にしりぞけ、開かれた共同体概念を求めようとする本書の意図にとって、影響に関する以上の知見は少なくとも次の二つの重要な意味を持つ。

第一に、外国出身者を受け入れ社会に編入するためには必ずしも彼ら少数派の文化を抑圧する必要がない。影響は相互に行使されるのであり、少数派が多数派の文化に一方的に吸収されるのではない。相互関係の結果として現れてくる価値・意見・規範は、影響以前に多数派と少数派とがそれぞれ持っていたものとはすでに異なり、新しい世界が構築されている。

外国人の同化と一口に言うが、そもそも何に同化するのかをもう一度考え直さなければならない。居住社会の支配的価値・規範という固定した対象があって、それに外国出身者が同化するのではない。多数派の世界観を外国出身者が受け入れることによって社会に融合されてゆくという単純な構図は誤っている。社会とか文化とか呼ばれているものは、多数派と少数派の相互作用を通して不断に変化と再構成を繰り返す生成物であり、少数派が一方的に多数派に吸収される受け皿のようなものではない。

社会の変遷には少数派がおよぼす影響が必ず関与している。少数派が同化する対象としての社会とか文化といったものが前もって存在しているのではない。少数派が多数派の価値に同化するといった静的なイメージで捉えるのではなく、両者の相互作用が刻々と社会や文化を創り上げていく動的な過程として民族問題を見直さなければならない。ここで主張しているのは、どのような社会であれ、程度の差はあるものの、必ず少数派は多数派に対して影響を与えるという客観的命題であり、少数派の文化を尊重せよというような規範的立場ではない。

もし少数派が影響を行使する事実を認めないならば社会変化の説明が困難になるということはすでに述べた。しかしその点が了解されても、少数派の立場がそのまま多数派によって受け入れられると考えている間は、社会が変遷する事実の説明はできない。どちらの方向に影響が行使されても、多数派あるいは少数派の考えが踏襲されるだけなら、社会全体にとって新しい価値は生まれようがない。今まで説いてきたように、異なった既存の考えのぶつかり合いから新しい考えが生み出される現象として影響過程を把握しなければならない。

多数派と少数派の関係は流動的かつ力動的に把握しよう。「上」から「下」へという一方的構図を拒否し少数派による影響の可能性を主張するのは、世界各地に存在する支配や抑圧の事実を隠蔽しようと企む反動的意図からなどでは決してない。差別・抑圧状況を非難するあまり、少数派が持つ潜在的な〈力〉を見失うとしたら、それこそ支配側の罠に陥ることになる。少数派影響理論は支配の悪循環を断ち切る可能性を提示しているのだ。

第二に、深い影響が生じる場合ほど、自らの考えが変化した事実に当人が気づかなかったり、あるいは何らかの変化が生じたことは意識しても、それが自ら選択した結果であるかのごとく錯覚しやすい。そもそも人間は外界からの情報に常に身をさらしながら思考し、行動している。他者によって恒常的に影響を受けながらも、自律の感覚が我々に生じている。しかし第4章でも確認したように、そこには何らの矛盾もない。変化すること自体が問題なのではない。変化したくないのに変化を強制されたり、逆に、変化したいのに現状維持を余儀なくされることが問題なのである。

出身を問わず市民全員が異文化受容や同化による変化を自発的に受け入れられるような社会が好ましい。少数派を擁護しようとするばかりに、各自の価値観が変化しないような措置を図るのでは本末転倒だと言わなければならない。

民族は虚構の物語だと一貫して主張してきた。個人心理の機能から社会秩序成立の過程まで、あらゆる次元において虚構が絡み合って人間生活は可能になっている。しかし人間生活の虚構性を繰り返し確認したのは、虚構から目を覚まして自由な存在として生きよと主張するためではまったくなかった。逆に、人間の生にとって虚構がいかに大切な機能を果たしているかを説いたのだった。

しかし、虚構が現実の力を発揮することを最終的に認めるならば、何故、民族の虚構性を執拗なまでに明らかにする必要があったのだろうか。現実を支えているのが虚構ならば、どんなに強固な現実であっても将来必ず変化しうる。その反対に、固有な身体的形質や文化内容を根拠に民族が客観的に存立しているのなら、超えることのできない限界が異文化受容の前に立ちはだかることになる。そして外国出身者が受け入れ社会に溶け込めないならば、各民族を分離しながら共存させる多民族・多文化主義しか我々の未来には残されていないだろう。

しかし単一民族国家と呼ばれる社会も、現実には外部から流入した多様な人々が融合することで成立している。少数派は擁護されねばならない。しかしその方策は彼らを分離する方向で考えるべきではない。確かに、日本を単一民族社会だとする妄想が根強く残る現況を思えば、社会常識を変革する戦術として、多民族・多文化主義の主張が一応の有効性を持つかもしれない。複数の民族や文化の共存を真摯に願う精神は評価しよう。しかしそこに待ち受けている罠を見落としてはならない。

象徴的価値を通して主観的に感知される民族境界が保持されるおかげで、他の集団の文化価値を受け入れながらも自らの同一性感覚を失わずにすむ。そしてまた自らの同一性を維持しているという感覚が保証され、無理矢理に変身させられる危惧がないときに、影響あるいは異文化を抵抗なく受け入れられる。このように議論してきた。逆に言えばこのことは、少数民族のいない〈純粋な社会〉などというものはそもそも建設できないということを意味している。倫理や政策技術を問題にしているのではない。外部が存在しなければ内部は存在し得ない。同一性が内包する論理からいって、〈純粋な社会〉の建設は原理的に不可能なのである。

どんな社会でも「異人」を内部に抱えている。それは彼らの存在こそが人間の同一性を生み出す源泉をなすからだ。「異人」のいない社会では人間は生きられない。もし〈純粋な社会〉が樹立されたとしたら、人間はどんなことをしてでも「異人」を捏造することだろう。「異人」は我々の外部にいるのではない。「異人」は人間生活にとって不可欠な存在なのである。

「異人」の消滅が不可能なのは異文化受容や同化に限界があるからではない。言語・宗教・道徳価値・家族観などを始め、どんな文化要素でも時間と共に必ず変化してゆく。民族や文化に本質はない。固定した内容としてではなく、同一化という運動により絶え間なく維持される社会現象として民族や文化を捉えなければならない。あるいはこう言ってもよいだろう。もし文化と時代を超えて人間存在を貫く本質があるとすれば、それはまさしく、本質と呼ぶべき内容が人間には備わっていないということに他ならない、と。

註

（1）ちなみに、現在の総人口を維持するだけでも毎年平均三四万人、すなわち五〇年間の合計で一七〇〇万人の外国人を受け入れなければならない。その場合の日本総人口に占める外国人（今までにすでに居住している外国人は除き、新しく流入する外国人およびその子孫のみを対象）の割合は一七・七％に上るとみられている。また現在の労働人口を維持するためには、毎年平均六五万人の移民流入を必要とし、これは五〇年間合計で三二〇〇万人以上になる。そして二〇五〇年には、移民とその子孫が日本総人口に占める比率が三〇％に達する。Population Division. Department of Economic and Social Affairs. United Nations Secretaria, "Replacement Migration: Is it a Solution to Declining and Ageing Populations?", ESA/P/WP.160, 21 March 2000, p. 49–50.

（2）同報告書によると、もし外国人労働者の流入をまったく認めないで扶養人口指数を今の水準に保とうとすると、二〇五〇年には日本人は七七歳まで働き続ける必要がある。

（3）J.-P. Langellier, "Le racisme et la ségrégation s'etendent dans plusieurs villes britanniques", *Le Monde*, 13/12/2001, p. 38. イギリス社会において出身民族がそれぞれ閉鎖的な共同体を作り、他の市民との交渉を持たずバラバラに生きている状況については、D. Lapeyronnie, *L'Individu et les minorités*, Paris, PUF, 1993 がフランス社会との比較から詳細に検討している。

(4) 文化的差異を実体化することから、反人種差別陣営が人種差別陣営と同じ論理に絡め取られてしまう問題に関しては、P.-A. Taguieff, *La Force du préjugé. Essai sur le racisme et ses doubles*, Paris, Gallimard, 1987 が詳細に分析している。

(5) ここで「在日朝鮮人」とは、日本に在住する韓国籍と朝鮮籍の人々を指す。日本に帰化した人々をも含めて「在日朝鮮人」と呼び、現在の総数を約八五万人から九〇万人と推定する論者もいる(徐京植《ソ・キョンシク》『分断を生きる——「在日」を越えて』[影書房、一九九七年]、八二—八三頁)が、本書においては国籍を基準にしてこの表現を使用する。

(6) 鄭大均『在日韓国人の終焉』(文春新書、二〇〇一年)一八頁。本書では韓国人と朝鮮人の氏名は読み方をカタカナのルビで表すが、朝鮮語読みするか日本語読みをするかについては当人の慣習に従う。

(7) 同四七頁。

(8) 死亡者は帰化者数から除かれないので、実際の帰化率はこの数字をかなり下回る。

(9) 一九九八年に実施された調査結果によると、ハングルを「理解できない」あるいは「あまり理解できない」と答えた者の割合は、二九歳以下七〇%、三〇代七二%、四〇代五二%、五〇代六五%、六〇歳以上四三%となっている。朴一《パク・イル》『〈在日〉という生き方——差異と平等のジレンマ』(講談社選書メチエ、一九九九年)二三頁。

(10) 徐京植、前掲書一一二頁。

(11) 在日朝鮮人の帰化や同化の問題に関しては、金一勉《キム・イルミョン》『朝鮮人がなぜ「日本名」を名のるのか』(三一書房、一九七八年)、金石範《キム・ソッポム》『「在日」の思想』(筑摩書房、一九八一年)、徐京植、前掲書、竹田青嗣『〈在日〉という根拠』(ちくま学芸文庫、一九九五年)などを参照。

(12) 金石範、前掲書三二頁。

(13) 朴正浩「在日韓国人の国籍問題再考」『現代コリア』一九九七年一〇月号、鄭大均、前掲書五六頁より引用。

(14) 朝鮮総聯の指導者の一人は一九九三年に行われた中央委員会で在日朝鮮人の参政権について次のような否定的見解を明らかにした。「一部在日論者が……日本の参政権獲得などのいわゆる権利を主張する言動を広めています。これは在日同胞の運命を朝鮮民族の一構成員として祖国の運命、民族の運命と一つに連結させようとするのではなく、祖国と民族から引き離し、日本社会の構成員としていくばくかの権利でも得て生きようとするところにその本質があります」。李珍珪《リ・ヂンギュ》『統一日報』一九九四年五月一二日、朴一、前掲書六〇頁より引用。

(15) 姜在彦《カン・ジェオン》「在日同胞の将来像」『統一日報』一九九五年八月一五日、朴一、前掲書八六—八七頁より引用。

(16) 金敬得《キム・キョンドク》「今、国籍を保持して生きる意味」『統一日報』一九九九年二月一七日、鄭大均、前掲書五七—五八頁より引用。

(17)　朴一、前掲書四二―四三頁。

(18)　佐藤勝巳『在日韓国・朝鮮人に問う』(亜紀書房、一九九一年)、鄭大均、前掲書四〇頁より引用。改行を変更した。

(19)　M. Tribalat, *De l'Immigration à l'assimilation. Enquête sur les populations d'origine étrangère en France*, Paris, La Découverte/INED, 1996, p. 153.

(20)　*Ibid*., p. 165.

(21)　一九九九年に実施された最新の国勢調査において、父親の生誕地を尋ねることで出身地を統計基準に加えようとする動きをめぐって、賛否両論の激しい議論が雑誌や新聞紙上に現れている。フランス社会の民族差別の実態を調査し適切な政策を練るために、出身民族別に統計を取る必要があると主張する賛成派に対して、反対派は、そのような発想をすること自体がそもそも誤った民族概念を基にしており、共和国の国家理念に則ってすべての人間を平等な個人として扱わなければならないと主張している。例えば、M. Tripier, "De l'Usage des statistiques ethniques", *Hommes & Migrations*, n° 1219, 1999; M. Tribalat, "A propos de catégories ethniques. Réponse à Maryse Tipier", *Hommes & Migrations*, n° 1221, 1999, p. 85-91; H. Le Bras, "La confusion des origines", *Les Temps Modernes*, n° 604, 1999, p. 228-242 を参照。

(22)　"Les Mécanismes de l'intégration. Entretien avec Pierre Milza", *in* J.-C. Ruano-Borbalan (Ed.), *L'Identité. L'individu, le groupe, la société*, Paris, Ed. des Sciences Humaines, 1998, p. 274.

(23)　F. Khosrokhavar, "L'Universel abstrait, le politique et la construction de l'islamisme comme forme d'altérité", *in* M. Wieviorka (Ed.), *Une société fragmentée?*, Paris, La Découverte, 1997.

(24)　A. Memmi, *La Libération du Juif*, Paris, Gallimard, 1966, p. 260. 邦訳、メンミ、菊地昌実訳『イスラエルの神話――ユダヤ問題に出口はあるのか』(新評論社、一九八三年)。周辺の住民の中にほとんど溶け込んでいた西ヨーロッパのユダヤ人の同化傾向に楔を打ち込み、低迷していたシオニズム運動に息吹を吹き込んだのは、彼らを排斥するヒトラーの政策だった。この災いがなければ、ヨーロッパのユダヤ人は進行する同化の波にさらに身を委ね、イスラエル樹立はあり得なかっただろうと言われている。この点については次の文献を参照。E. Barnavi, *Une Histoire moderne d'Israël*, Paris, Flammarion (1e éd. 1982), 1988, p. 27; B. Wasserstein, *Vanishing Diaspora. The Jews in Europe since 1945*, London, Penguin Books, 1997 (tr. fr., *Les Juifs d'Europe depuis 1945. Une diaspora en voie de disparition*, Paris, Calmann-Lévy, 2000, p. 104). より一般的な見地から、社会心理学の実験研究でも同様の結果は報告されている。S. Moscovici & G. Paicheler, "Social comparison and social recognition, two complementary aspects of identification", *in* H. Tajfel (Ed.), *Differentiation between Social Groups: Studies in the Social Psychology of Intergrcup Relation*, London, Academic Press, 1978,

p. 251–266. さらには人間だけでなく、サルのような高等動物においてもよく似た現象が観察されている。H. F. Harlow & R. R. Zimmerman, "Affectional Responses in the Infant Monkey", *Science*, 130, 1959, p. 421–432.

(25)「そもそも日本生まれの在日にとって、同化とは強いられたものというよりは生来的なものと考えた方がいいのではないか。つまり、私たちは基本的には日本語人・日本文化人としてこの世に生まれてくるのであって、私たちにはそもそも同化に値する異質性がはじめから欠けているのではないか」(鄭、前掲書一八一頁)。

(26)「日本特殊論」に対する批判としては、杉本良夫・ロス・マオア『日本人論の方程式』(ちくま学芸文庫、一九九五年)、ハルミ・ベフ『イデオロギーとしての日本文化論』(思想の科学社、一九八七年)などを参照。

(27)丸山眞男『日本の思想』(岩波新書、一九六一年)、同「原型・古層・執拗低音」武田清子編『日本文化のかくれた形』(岩波書店、一九八四年)、八七—一五二頁。

(28)拙著『異文化受容のパラドックス』(朝日選書、一九九六年)。

(29)経済企画庁編『国民生活白書』[昭和六一年版](大蔵省印刷局、一九八六年)一二八頁。

(30)矛盾を「閉ざされた社会」と「開かれた社会」との間に見るのか、あるいは「閉ざされた社会」と「開かれた文化」との間に見いだすのかという点は重要である。それについては前掲拙著、二七三—二七四頁の註二五および二三九—二四一頁を参照。

(31)前掲拙著第九章。

(32)外国人居住者の数はここ二〇年あまりにかなりの増加をみたが、それでもその割合は日本総人口の一%を少し超えた程度にとどまる(一九九六年の数字で一四一万五一三六人。総務庁統計局編『日本の統計』[一九九八年]、二八および三〇頁)。また外国に住む日本人の数も少ない。居住者(三カ月以上の滞在)は八〇万人以下であり、日本総人口の〇・六%にすぎない(同年の数字で七六万三九七七人。その中には、ブラジル・アメリカ合衆国・カナダ・アルゼンチンなどに居住する二重国籍者または永住者が二七万一〇三五人含まれる)。したがって、外国からの情報は人と人との直接的接触からではなく、主に新聞・雑誌・本・映画・テレビのような媒体を通して間接的にもたらされる。

(33)福沢諭吉『文明論之概略』(岩波文庫)二八頁。

(34)丸山眞男『「文明論之概略」を読む』上巻(岩波新書、一九八六年)九四頁。

(35)中心と周辺という分類をすることは、民族の実体性を否定し、虚構として捉える本書の立場とそもそも矛盾しないかという問いに関しては次節で扱う。

(36)ここでは間接的接触についてだけ述べたが、情報源と受け手との関係を考慮するだけでは日本の西洋化を解明する上において十分ではない。我々は孤立して情報を受け取るわけではなく何らかのコミュニケーション網に組み込まれている。ある個人が異文化要素を受け入れようとしても、周囲から反対されるとそれに対抗して自分の選択を維持するのは容易ではない。したがって日本社会における対人コミュニケーションの構造を分析する必要がある。そしてその対人コミュニケーション網の次元においても、「閉ざされるからこそ開かれる」という論理を見いだせる。

それからまた個人の次元でも閉鎖と開放は相補的関係を保っている。西洋人に憧れる日本人は少なくないがこの同一化プロセスを注意深く検討するとそこにも、西洋人と自分は根本的に違うという心理的保証があるからこそ西洋人の真似ができるという逆説的関係が観察される。詳しくは前掲拙著七一—九五頁および二二〇—二三八頁参照。

(37)　内部構造を中心と周辺とに区別する考え自体はすでに古典的になっている。科学哲学の分野では、I. Lakatos, "Falsification and the Methodology of Scientific Research Programs", *in* I. Lakatos & A. Musgrave (Eds.), *Criticism and the Growth of Knowledge*, Cambridge, Cambridge University Press, 1974, p. 91–196. 邦訳、ラカトシュ・マスグレーヴ、森博監訳『批判と知識の成長』(木鐸社、一九八五年)。認知科学では、E. Rosch, "On the Internal Structure of Perceptual and Semantic Categories", *in* T. E. More (Ed.), *Cognitive Development and Acquisition of Language*, New York, Academic Press, 1973. 社会心理学においては、J.-C. Abric, "L'organisation interne des représentations sociales: système central et système périphérique", *in* C. Guimelli (Ed.), *Structures et transformations des représentations sociales*, Lausanne/Paris, Delachaux et Niestlé, 1994, p. 73–84 などを参照。

(38)　この発想は次の論文などに見られる。S. E. Asch, "Forming Impressions of Personality", *Journal of Abnormal and Social Psychology*, 41, 1946, p. 258–290; C. Flament, "Structure et dynamique des représentations sociales", *in* D. Jodelet (Ed.), *Les Représentations sociales*, Paris, PUF, 1989, p. 204–219.

(39)　要素群とは独立に同一性を保つ構造を考えることもできる。しかしそうすると必然的に、要素が入れ替わっても構造自体は維持されることになり、構造がどのようにして生成したのか、またどのように変化してゆくのかを説明できなくなる。さながらユングの「元型」のように、集団同一性の基本的内容がすでに太古の昔から定まっていたという奇妙で神秘的な帰結が導かれざるを得ない。

(40)　影響過程を検討する部分は、前掲拙著『異文化受容のパラドックス』の第七章と大きく重複している。しかし影響に関する常識を見直すことなしには本書の論議を十分にできないので繰り返しは避けられない。読者の寛恕を請う。

(41)　S. Moscovici, *Social Influence and Social Change*, London, Academic Press, 1976; S. Moscovici, "Toward a Theory of Conversion Behavior", *in* L. Berkowitz (Ed.), *Advances in Experimental Social Psychology*, New York, Academic Press, 1980, p. 209–239.

(42) S. Moscovici & B. Personnaz, "Studies in Social Influence V: Minority Influence and Conversion Behavior in a Perceptual Task", *Journal of Experimental Social Psychology*, 16, 1980, p. 270–282.

(43) 「スライド色が緑色であると本人自身も知らずに知覚する」とか「本人自身スライドが緑色に見えているつもりでも，無意識の次元では青色だと知覚し続ける」などという表現は矛盾するようだが，第4章で解説したように知覚の構成的性格からして実は不思議でも何でもない。想像と知覚は密接な関係を持っている。例えば M. J. Farah, "Is Visual Imagery Really Visual? Overlooked Evidence From Neuropsychology", *Psychological Review*, 95, 1988, p. 307–317 を参照。実際の刺激がなくとも想像だけで残像が生ずる事実に関しては，P. Davies, "Conditioned After-Image, I", *British Journal of Psychology*, 65, 1974, p. 191–204; P. Davies, "Conditioned After-Image, II", *British Journal of Psychology*, 65, 1974, p. 377–393; R. A. Finke & M. J. Schmidt, "The Quantitative Measure of Pattern Representation in Images Using Orientation-Specific Color Aftereffects", *Perception & Psychophysics*, 20, 1978, p. 289–298. モスコヴィッシの実験結果に対する他の解釈，またそれに対する批判的検討については，T. Kozakai, *Représentation de la personne et gestion du conflit dans l'influence: Une approche constructiviste de l'influence sociale*, Thèse de doctorat, E.H.E.S.S., Paris, 1994, ch. 2.

(44) 段階尺度による主観的判断を避けるために，スペクトロメータ(分光計)を使用して，知覚される色をより正確に測定する試みもなされたが，それによってもほぼ同じ結果が得られている。S. Moscovici & B. Personnaz, "Studies on Latent Influence by the Spectrometer Method, I: The Impact of Psychologization in the Case of Conversion by a Minority or a Majority", *European Journal of Social Psychology*, 16, 1986, p. 345–360; B. Personnaz, "Study in Social Influence Using the Spectrometer Method: Dynamics of the Phenomena of Conversion and Convertness in Perceptual Responses", *European Journal of Social Psychology*, 11, 1981, p. 431–438. 他の色を使った追試実験においても同様の結果が得られている。S. Moscovici & B. Personnaz, "Studies in Social Influence, VI: Is Lenin Orange or Red? Imagery and Social Influence", *European Journal of Social Psychology*, 21, 1991, p. 101–118.

(45) A. Jacquard, *Au Péril de la science?*, Paris, Seuil, 1982, p. 88–89.

(46) A. Maass & R. D. Clark, "Conversion Theory and Simultaneous Majority-Minority Influence: Can Reactance Offer an Alternative Explanation?", *European Journal of Social Psychology*, 16, 1986, p. 305–309; S. Moscovici & G. Mugny (Eds.), *Psychologie de la conversion*, Crousset, DelVal, 1987; S. Moscovici, G. Mugny & S. Papastamou, ""Sleeper effect" et/ou effet minoritaire? Étude théorique et expérimentale de l'influence sociale à retardement", *Cahiers de Psychologie Cognitive*, 1, 1981, p 199–221; G. Mugny & J. A. Pérez, *Le Déni et la raison*, Crousset, DelVal, 1986.

(47) 対象をそっちのけにして影響源の言うことに追従するとかえって真の影響効果が現れないという事実は，次のような方法で実験的に検証できる。被験者を暗室に閉じこめ、聴覚・視覚・触覚などの感覚刺激を低下させて適当な時間放置すると、まるで催眠状態のようになって影響に対する抵抗が弱まる。そこでこのようにして抵抗力が低下した被験者を用いて、すでに述べた色彩知覚実験を行う。そうすると影響源が少数派であっても抵抗力の弱まった被験者は簡単に影響され、青色のスライドを「緑色」だと判断するようになる。ところが残像色に関しては反対に影響されなくなってしまい、青色の補色である橙色を知覚し続ける。すなわち抵抗力が低下して影響源に対して無批判に追従するがゆえに、肝心の対象(ここでは色刺激)に関する認知活動が働かない。したがって、かえって深い影響を受けなくなる。S. Moscovici & M. Doms, "Compliance and Conversion in a Situation of Sensory Deprivation", *Basic and Applied Social Psychology*, 3, 1982, p. 81–94.

(48)　少数派の影響が封じられるプロセスに関しては次の論文が論じている。S. Papastamou, "La psychologisation: Erreur individuelle ou stratégie collective?", *in* J.-L. Beauvois, R.-V. Joule & J.-M. Monteil (Eds.), *Perspectives cognitives et conduites sociales 2, Représentations et processus sociocognitifs*, Crousset, DelVal, 1989, p. 185–204.

(49)　実証研究としては次の文献を参照。G. Mugny & J. A. Pérez, *Le Déni et la raison, op. cit.*, p. 89–135; C. J. Nemeth, "Au-delà de la conversion: formes de pensée et prise de décision", *in* S. Moscovici & G. Mugny (Eds.), *Psychologie de la conversion, op. cit.*, p. 239–248.

あとがき

本書は、二〇〇〇年秋にフランスで出版された *L'Étranger, l'identité. Essai sur l'intégration culturelle*, Paris, Payot & Rivages（イタリア語訳 *Lo straniero, l'identità. Saggio sull'integrazione culturale*, Roma, Borla, 2002）を基にしている。民族概念を検討する第1章と第2章、また虚構と現実との関係を考察する第3章の内容は、註をいくらか追加した以外にはフランス語版を基本的に踏襲している。記憶を分析する第4章と、共同体概念や同化の問題を扱う第6章については大幅に加筆し、構成を変更した。また集団的責任と社会の絆に関する第5章は完全な書き下しである。

私がパリに在住しているという事情のために、資料の入手し易さから仏語・仏語訳の参考文献が多く挙げられているる。読者の便宜を図るため、邦訳のあるものについてはできるだけ追記したが、実際に目を通す余裕はなかったので、引用などの該当頁を明記することはできなかった。お許しを請う。

生物学・心理学・社会学・政治哲学など広い領域に触れ、学際的試論の性格を持つ本書に対しては各方面の専門家から厳しい御批判をいただくだろうし、それはまた私自身切望するところでもある。しかし民族同一性の脱構築を試み、近代的合理主義を批判する本書に対してポスト・モダンなどという無意味なレッテルが貼られることだけはないように願っている。思想に対する紋切り型の分類はそもそも空しい。しかしそのような理解は、ここで展開した論議の事実認定としても誤っている。世界の無根拠性あるいは恣意性を主張し、関係の本源性を説く立場をポスト・モダンだと形容するならば、近代の真っ直中で練り上げられたヒューム・マルクス・ヴェーバー・ソシュールらの思想だけでなく、近代以前に生まれた仏教的世界観までもポスト・モダンになってしまうだろう。

民族問題を扱う類書とは異なり、この小著は、どのような社会を構築すべきかという倫理的な問題意識から書かれたのではない。「哲学者たちは世界をいろいろ解釈してきたにすぎない。大切なのは世界を変革することだ」とは、マルクスの有名な言葉(フォイエルバッハ・テーゼ11)だが、そのような意図はそもそも初めから私にはなかった。異文化の中で少数派として暮らす者が、民族というテーマをめぐり、人間は日々どのように生かされ、社会はどのように機能しているのかを少しでも理解したいと願ったにすぎない。今振り返れば、本書の主張がまずフランス語で発表されたのも出版事情だけが原因ではなかったのだと思う。私を取り巻く異文化環境に対して小さな声をあげずにはいられなかったのだろう。

世界が虚構によって支えられているということは、我々は無根拠から出発するしかないことを意味する。般若心経に「色即是空　空即是色」という誰でも知っている章句がある。本書が力点をおいたのはこの言葉の前半部よりも、後半部であることはもうすでに明らかだろう。世界は夥しい関係の網から成り立ち、究極的な本質などはどこまでいっても見つけられない。しかしその関係こそが堅固な現実を作り出している。

社会は対抗する勢力の葛藤・対立・闘争を通して維持され、人間の相互作用から結果する行方と別のところに正義や普遍的価値は存在しない。しかし、だからこそ、人間の行為を常に判断し、裁いてゆくことが大切なのではないか。我々の判断が正しいかどうかはいつになっても絶対にわからない。だからこそ、私はこう思うがあなたはどう思うかといった形で了解を常に求める必要がある。根拠があり得ないから、人間が主観的に正しいと思う以外に、ある命題が正しいかどうかを判定できないからこそ、話の筋道を明示して議論しなければならない。

人間は他者を根元的に必要とする他律的存在である。しかし、この他律性を自律性として感じとる他に人間の生きる術はないという否定性から出発しつつも、それを積極的な意義に転換する道を探ることを本書は暗黙の願いとしている。

フランス語版を書く段階も含めて、本書の脱稿までには多くの人々にお世話になった。宇野重規(東京大学)、遠藤克行(フランス・ルーアン大学)、Philippe Olivièro (パリ第五大学)、小林敏明(ドイツ・ライプチヒ大学)、鈴井清巳(広島修道大学)、高橋哲哉(東京大学)、Arnaud Plagnol (フランス・リール大学／国立学術研究センター)、Serge Moscovici (フランス社会科学高等研究院)、村上靖彦(日本大学)、Yves Modéran (フランス・カーン大学)、矢田部和彦(パリ第七大学)、山上浩嗣(関西学院大学)の諸氏には建設的な批判や貴重な助言をたまわった。

また池上俊一(東京大学)および岡田啓司(京都大学)両氏のおかげで、東京大学教養学部(一九九九年度〜二〇〇一年度)および京都大学総合人間学部(二〇〇〇年度)にて集中講義を担当する機会を与えられ、拙論に対して学生諸君から有意義な批判・意見をもらうことができた。

特に高橋哲哉氏には、東京大学出版会への紹介の労を取っていただき、感謝している。編集を担当された羽鳥和芳氏は、校正の仕事以外にも、参考文献の邦訳を探したり、索引作成とその確認という煩瑣な作業を引き受けて下さった。

皆さんに厚く御礼申し上げる。

二〇〇二年初秋、パリにて

小坂井敏晶

た

な

は

索 引

著者略歴
1956年　愛知県生まれ.
1994年　フランス国立社会科学高等研究院修了.
現　在　パリ第八大学心理学部准教授.

著　書
Les Japonais sont-ils des Occidentaux? Sociologie d'une acculturation volontaire (1991, L'Harmattan); *L'Etranger, l'identité. Essai sur l'intégration culturelle* (2000, Payot & Rivages).
『異文化受容のパラドックス』(1996, 朝日選書).
『異邦人のまなざし』(2003, 現代書館).
『責任という虚構』(2008, 東京大学出版会).

民族という虚構

2002年10月10日　初　版
2010年 5 月25日　第5刷

[検印廃止]

著　者　小坂井《こざかい》　敏晶《としあき》

発行所　財団法人　東京大学出版会
代 表 者　長谷川寿一
113-8654 東京都文京区本郷 7-3-1
電話 03-3811-8814・振替 00160-6-59964
印刷所　研究社印刷株式会社
製本所　牧製本印刷株式会社

ISBN 978-4-13-010089-2　Printed in Japan